家长的
思维模式

儿童成长型思维模式的培养策略

[美]玛丽·凯·马尔乔内·里奇
（Mary Cay Marchione Ricci）

[美]玛格丽特·李
（Margaret Lee）

著

邓　盈

宫　卿

金富丽　等

译

田凌晖

审校

Mindsets
for Parents

Strategies to

Encourage

Growth Mindsets in Kids

华东师范大学出版社

·上海·

图书在版编目(CIP)数据

家长的思维模式：儿童成长型思维模式的培养策略/(美)
玛丽·凯·马尔乔内·里奇,(美)玛格丽特·李著;邓盈等
译.—上海:华东师范大学出版社,2022
ISBN 978-7-5760-3334-2

Ⅰ.①家… Ⅱ.①玛…②玛…③邓… Ⅲ.①家庭教育—
教育心理学 Ⅳ.①G780

中国版本图书馆 CIP 数据核字(2022)第 221428 号

家长的思维模式：儿童成长型思维模式的培养策略

著　　者　[美]玛丽·凯·马尔乔内·里奇　[美]玛格丽特·李
译　　者　邓　盈　宫　卿　金富丽等
审　　校　田凌晖
责任编辑　彭呈军
责任校对　邱红穗　时东明
装帧设计　刘怡霖

出版发行　华东师范大学出版社
社　　址　上海市中山北路 3663 号　邮编 200062
网　　址　www.ecnupress.com.cn
电　　话　021-60821666　行政传真 021-62572105
客服电话　021-62865537　门市(邮购)电话 021-62869887
地　　址　上海市中山北路 3663 号华东师范大学校内先锋路口
网　　店　http://hdsdcbs.tmall.com

印　刷　者　上海龙腾印务有限公司
开　　本　787 毫米×1092 毫米　1/16
印　　张　10.5
字　　数　133 千字
版　　次　2023 年 8 月第 1 版
印　　次　2023 年 8 月第 1 次
书　　号　ISBN 978-7-5760-3334-2
定　　价　38.00 元

出版人　王　焰

(如发现本版图书有印订质量问题,请寄回本社客服中心调换或电话 021-62865537 联系)

Mindsets for Parents Strategies to Encourage Growth Mindsets in Kids，1st edition

By Mary Cay Ricci；Margaret Lee

ISBN：9781618215246

上海市版权局著作权合同登记　图字：09 - 2018 - 736 号

此书献给

献给我的丈夫埃尼奥·里奇(Enio Ricci),爱我的育儿伙伴。

献给我的孩子,克里斯托弗、帕特里克和伊莎贝拉(Christopher, Patrick and Isabella)——用成长型思维模式过你的生活!

献给我的父母,乔和玛丽·艾伦·马尔乔内(Joe and Mary Ellen Marchione)。

献给我的婆婆,文森齐娜·里奇(Vincenzina Ricci),她是一位无私、慈爱的母亲和祖母,我们在 2016 年 2 月 9 日失去了她(天堂也欢迎她)

——玛丽·凯/妈妈

献给我的父母,凯瑟琳·李(Katherine Lee)和已故的大卫·李(David Lee),此时我满怀爱意、感激和仰慕。

——玛格丽特·李

致　谢

两位作者由衷感谢：

◇ 杰米・阿利维托（Jamie Aliveto）、辛迪・阿尔瓦拉多（Cindy Alvarado）、米歇尔・贝西（Michele Baisey）、特洛伊・贝西（Troy Baisey）、卡罗尔・贝茨（Carol Bates）、克里斯汀・坎宁（Kristen Canning）、琳达・西维蒂（Linda Civetti）、莫琳・科里奥（Maureen Corio）、埃里克・海恩斯（Eric Haines）、特蕾西・希利亚德（Tracy Hilliard）、卡琳・迈尔斯（Karine Myers）、克里斯汀・珀尔（Kristine Pearl）、谢丽尔・彼得斯（Cheryl Peters）、唐娜・奎特曼・怀尔德（Donna Quatman Wilder）、埃里克・罗德斯（Eric Rhodes）、玛丽・乔・里士满（Mary Jo Richmond）、芭芭拉・鲁达克维奇（Barbara Rudakevych）、布雷特・斯塔克（Brett Stark）、安吉拉・托马斯（Angela Thomas）、乔迪・瓦拉斯特（Jodi Vallaster）、布赖恩・瓦斯昆扎（Brian Vasquenza），以及弗雷德里克县第一次家庭见面会的与会者们。

◇ 杰夫・科尔什（Jeff Colsh）、安东尼・韦尔奇（Anthony Welch）、李・杰弗里校长（Principal Lee Jeffrey），以及米德尔顿县立高中足球队的男子足球队员们。

◇ 卡尼・布兰达默（Kearney Blandamer）、莱斯利・斯特鲁特（Lesley Stroot），执行校长金伯利・博尔顿（acting principal Kimberly Boldon），以及沃顿高中曲棍球队的女孩儿们。

◇ 莫妮克（Monique）、帕特里斯（Patrice）、诺艾尔（Noelle）、凯恩

（Cain）。

玛格丽特·李(Meg Lee)由衷感谢：

◇ 我的家人——多尼根一家(Donegans)、吉尼斯一家(Guineys)、李
一家(Lees)、彭斯一家(Pences)和本恩一家(Penns)——感谢你
们带给我的爱、欢笑、支持和鼓励。

◇ 弗雷德里克县立高中，由特蕾莎·奥尔班(Theresa Alban)博士
和迈克尔·马科(Michael Markoe)博士率领的家人一般亲切的
同事们，你们拥抱成长型思维模式，让校区每一天都展现出成长
型思维的力量。

◇ 保罗·邓福德(Paul Dunford)、苏珊·加勒特(Susan Garrett)、特
蕾西·卢卡斯(Tracey Lucas)和马蒂·罗克林(Marty Rochlin)，
你们教会了我去贯彻成长型思维模式，甚至早于卡罗尔·德韦克
创立这一概念之前。

译者前言

几年前，第一次接触到卡罗尔·德韦克教授的思维模式（Mindsets）理论时，就深深被这项研究的理论魅力所征服。不像那种广泛流行的碎片化地告诉我们哪种品质对成功和幸福有影响的研究，读时让人热血沸腾，感觉找到了成功密码，而在尝试做时又不知如何着手，思维模式理论从本质上解密了为什么那些受人喜爱的优秀品质，如勇气、责任、感恩、坚毅等会在卓越人士身上集中表现出来，其中起决定因素的是被卡罗尔称之为成长型思维模式的信念体系，更可喜的是它不是先天决定的，而是一种主动选择的结果，也就是说，只要我们相信自己和孩子是可以通过学习而获得成长的，那么，我们就有办法收获成功，并体验伴随着成长和成功而来的喜悦和幸福，从而以更大的信心和勇气面对未来。这不正满足了有远见的父母对自己子女未来生活状态的所有想象嘛！

当然，作为愿意投入时间、精力和深爱来陪伴和引导孩子成长的父母，你一定已经感受到了，要让孩子朝着我们期待的这个方向发展，每一天都充满挑战，可谓知易行难。玛丽·凯·里奇和玛格丽特·李合著的这本书正是为支持像你这样的家长而作。作为资深的教育管理者和教育咨询师，两位作者积多年在教育理论与实践之间自如穿行的经验，以深入浅出的语言与家长交流，引导家长了解什么是思维模式，为什么培养孩子的成长型思维模式可以帮助孩子赢得未来，此后，她们又一步步地导引着作为家长的你去实现这个美好的目标，用故事、案例和随手可用的小工具教会家长如何在家中为孩子营造一个具有成长型思维模式的家庭成长环境，如何和老师相互配合塑造孩子的成长型思维模式。你手里的这本书，已经被翻译成多种语言，并在不同的社会文化中赢得了家长的信任。本书的第一作者，也是《纽约时报》畅销教育类书籍《课堂里的思维模式》(*Mindsets in Classroom*，中文版译作《可见的学习与思维教学》)及其配套参考书的作者，一直致力于为孩子营造一个家校一致且积极的成长环境。

起意带着我的学生们一起翻译一本非纯学术类著作，一是因为在多年帮助学校变革的过程中发现，只有当学校和家庭共享着同一的教育信念时，才能有效促进儿童的发展，理想中的育人目标才有可能达成。其中，家长才是能够对孩子的品性——不论好的、坏的，还是受欢迎的、不受欢迎的——形成产生最深远影响的关键角色；二是希望研究生们因翻译这本书认识思维模式理论，通过翻译过程中的研读和琢磨，发现自己的思维模式，并选择能够带给他们勇气和信心的成长型思维模式，成为追求终身成长的人。现在与读者见面的译本前后经历了三次的打磨，初稿的第一、二章由孔璐和宫卿翻译，第三、四章由金富丽翻译，第五、六章由胡力文翻译，第七、八章由高建伟翻译。在统稿时，邓盈以其在中美两国的跨文化生活经历，且作为一位称职母亲的角色，整理和校译了全书，使读者得以亲近原著两位作者讲述的故事。第三稿由我负责，通过逐句审读和校译，致力于使全书的译文保持一致且更具专业性的语言风格，希望当你读这本书时，感到自己正置身于一个安静且温馨的空间，在与一位家庭教育咨询师倾心交流，室内炉火微红，窗外暖阳夕照……

在结识成长型思维模式的几年里，通过应用成长型思维模式理论引导教师发展、为学校规划发展蓝图，以及帮助作为家长的朋友们理解和解决棘手的育儿问题，渐渐地我发现自己已经成为这场学习中的最大受益者。一是因为在遇到困难时，成长型思维模式会给我再试一次的勇气，也成为更能看到朋友、同事和学生的闪光点，并给予他们建设性支持和鼓励的人；与此同时，也因为这本书认识了一些同样具有成长型思维的朋友们,这其中华东师范大学出版社教育心理分社的彭呈军社长就是最重要的一位。可以说,没有彭社长的信任、鼓励,以及围绕出版中译本做的所有专业工作,包括但不限于洽谈和购买版权、亲自编辑审稿等,今天我们就不可能将此书呈现于你的眼前。

最后,作为研究教育二十余载、乐于洞察人的学习成长规律的译者,以及学习成长型思维模式的受益者,真诚地希望你也能选择拥抱成长型思维模式,与孩子一起成长,把在养育儿女过程中遇到的每一个新问题当作发展自身思维模式的机会。假以时日,你一定会惊喜地发现,这不仅成就了孩子的成长和幸福,更让你自己成为了一位温暖、明智且更受尊重的爱人、朋友和同事。

田凌晖

2023 年 5 月 10 日

目　录

第一章
思维模式是什么？ 如何影响孩子？

"希望我的孩子能做到在学习的路上步履不停。"

——吉娜，三个孩子的母亲。

为人父母，我们或许都曾有过这样的念头：

- "糟了，她数学不太行。应该是我的遗传。"
- "他的运动能力来自我的遗传。"
- "他擅长数学和科学，但语文是弱项。"

我们的思维模式（mindsets），会决定我们对孩子说话的方式。

什么是思维模式？感谢斯坦福大学的心理学和社会学教授——卡罗尔·德韦克博士（Dr. Carol Dweck）的研究为我们提供了答案。她的理论也正在转变社会大众看待学习和心智的观念。德韦克（2006）的研究描述了一套信念系统，即成长型思维模式（growth mindset）。成长型思维模式是一种坚信心智可以不断得到发展的思维倾向。具有成长型思维模式的父母相信孩子可以不断取得更高的成就——只要肯下功夫，持之以恒，百折不挠。具有成长型思维的学生则明白在学习精进的路上，只要努力，没有什么是学不会的。在学习的过程中遭受挫折是常有的事，但是他们懂得，只要努力和坚持就能收获成长和成功。拥有成长型思维模式的成人和孩子，更关注学习、成长和改进，而不是高分或奖状，也不在乎是否貌似很"聪明"或有天赋。一个具有成长型思维模式氛围的家庭，持有每个人都能取得成功的信念。父母和孩子都相信大脑具有可塑性，心智的发展是实践、坚持、韧性和坚毅的结果。

与此相对，德韦克也提出了**固定型思维模式（fixed mindset）**这一术语。持有**固定型思维模式**的人相信智力是与生俱来的，是由基因决定的内在因素，认定一个人纵然可以学习新的知识，但他所固有的智力水平却无法在后天发生改变。持有固定型思维的人认为，先天因素决定了一个人只在某些特定领域表现出"聪明"或天赋，而在另一些领域则没有。一个持固定型思维的成年人或儿童相信自己无法在某些领域或学科上取得成就，或者因为担心遇到困难、害怕失败而不敢尝试。对于那些不认为自己"聪明"的人来说，这会成为一种自我实现预言。

需要注意的是，避免轻易地给人们贴上"固定型思维"或"成长型思维"的标签。很少有人百分之百属于某一类型，我们往往是在某个情景下不同程度地表现出这两种倾向。我们都认识一些有着强烈的成长型思维模式的教师，或是她的学生，听过她的课。她相信学生在各个方面都可以获得技能和能力的提升，她在教室里很少说"做不到"。这样的老师期望每个学生努力向上，并且相信所有学生都能达成更高的成就。在教师群体中，她是具有成长型思维模式的典范；然而，在家里，当她走进厨房时，可能就变成了一个固定型思维者。她认定自己不具备烹饪才能。对她来说，烤箱最大的作用就是拔掉电源当书柜。

亲爱的读者，现在请你花一分钟时间分析一下自己的思维模式。一个人的思维模式是一套个人的观念体系，它会深远地影响你看待自己和他人的行为和态度。父母的思维模式会直接影响孩子如何感知和看待自己。（本书的第二章收录了一套自测工具，家长可以试着测试一下自己的思维模式。）孩子的思维模式则会直接影响他/她如何面对挑战。抱持成长型思维模式的孩子即使遇到险阻，也不会轻言放弃。而抱持固定型思维模式的孩子则会因认为自己不具备掌握某类知识或技能的能力，而更容易稍遇困难就望而生畏，甚至从此彻底放弃努力。

固定型抑或成长型思维模式，会直接影响家庭成员之间的互动机制。众所周知，父母的言行对孩子的自我认知会造成极大影响。在某些特定方面，父母往往会不自觉地戴上有色眼镜看待孩子——"小约瑟夫生来就擅长数学"，"帕特总能提出很棒的问题"，"凯瑟琳就是特别善于解读文学作品"……然而，这类听起来特别正面的评价，其实都是固定型思维在作祟。这些评价都着眼于他们"是谁"，而不是他们做了什么或他们所付出的努力。回想一下，你是否曾经将某些事归因为某种固有的弱点呢？是否偶尔闪过这样的念头，甚至直接对孩子说出口？"女儿像我，毕竟我也搞不定数学。"或者"他的阅读不行也情有可原，我也从不喜欢阅读。"（Ricci，2013）

🔷 转变思维模式

要破除"智力固定不变"这一观念会是一个不小的挑战，但是只要采用适当的培育和教育方法，日积月累，思维模式是可以发生转变的。这个转变当然难以一夜之间就完成，毕竟许多成年人长年以来形成的固定型思维可谓根深蒂固。这并不是一种过错，固定型思维可能从小就嵌入到了我们一些人的脑中。有些人可能自认为在后来的学习工作中完成了自我转变，但仍然需要不断努力才能维系，否则一不留神，固定型思维模式就会在细微之处卷土重来。例如，曾经一位有学习障碍的天才学生（具有学习障碍，却在某些方面极其优异的学生）给自己的母亲打电话，说起自己大学里的选课表。这位母亲是一名教育工作者，她几年前就"转变"了自己的思维模式，并且自豪地分享了她在家中营造成长型思维

4

环境的行动。但是当她听到孩子选了一大堆课，诸如微观经济学、国际商务、会计学、传媒分析还有管理学，而且最早的课是早上8点时，她注意到埋藏在她心中的固定型思维想要尖叫："你疯了吗？你注定要失败的！"但是话到嘴边她又吞了回去，在电话里对儿子说："这听起来像是一张充满挑战的课程表，我相信通过不懈努力，你能够做到。"相信每一个孩子都能凭借努力、坚持和意志力获得成功，这就是成长型思维模式的信念所在。

 ## 有关大脑的研究

心智水平是可以训练和改变的。学界在这一认知上的转变，部分地归功于脑的功能和结构研究技术的进步。近年来的大脑研究推翻了智力是"先天固有"的认识。诸多正式或非正式的研究表明，适当的挑战和刺激可以促进大脑发育。近期神经科学领域的研究更不断强调了**神经可塑性(neuroplasticity)**这一概念。神经可塑性是指大脑具有在我们整个生命历程中持续改变、适应和"重新连接"的能力。一个典型的例子就是中风的后续恢复。亲眼看见过中风病人病后逐渐恢复的过程，其实就是近距离见证了神经重塑的过程。中风发生之后，大多数病人的脑几乎立刻就开始了重新联结，病人也就开始逐渐恢复说话和运动的能力。然而，这需要中风患者付出相当艰苦的努力，辅以专业性物理的、职业的和语言的治疗，才能重新获得失去的大部分功能。中风后大脑"重新连线"的过程就好像在一张熟悉的城市地图找一条新的路线，目的地不变，周围的景色也几乎一致，但是大脑还是要摸索新的路线以完成一项常规任务。神经的重塑同时以两种方式进行：不断建立新的联结和消除不再频繁使用的联结。(Ricci, 2013)

5

> **神经可塑性**是大脑具有在人的整个生命历程中持续改变、适应和"重新连接"的能力。

如今脑神经学的研究已经取得了长足进步。这些研究成果能够帮助我们了解孩子是如何学习的，以及我们自己的养育方式。它直接影响了成年人对孩子潜力与成就的认识和期望。当父母和孩子（当然还有老师们）懂得了大脑及其所蕴含的潜力时，他们就能亲眼见证大脑对学习的影响力，思维模式也会随之转变。

🔶 智力和智力测量

提高智商（IQ），这可能吗？密歇根大学和伯尔尼大学开展了一项联合研究，试图探明提升智商是否真的有可能。从 2008 年开始（Palmer，2011），项目组要求参与者在电脑上进行一个图形记忆游戏。每当屏幕上显示一个图形时，受试者会在耳机里听到一个字母。图形和字母按一定节奏不停变换。受试者所要做的就是当再次看到曾经出现过的图形，或者再次听到之前听过的字母时做出反馈。相同的图形或者字母重复的时间间隔越长，难度自然也就越高。研究人员发现，当受试者通过练习，在这个游戏中逐渐取得更高得分时，他们在 IQ 测试中的得分也有所提升（Palmer，2011）。

研究和其他类似的研究有助于人们理解智力的可塑性。这既是成长型思维模式的关键要素之一，也是许多家长和教育者难以理解的一个概念。毕竟，人们对于认知科学知之不多。当我们向一些家长和教育者提出这样一个问题："认知能力测试或者 IQ 测试，到底是在测什么？"没有一个人能立刻作出自信的回答。而考虑过后，最常见的回答也不外乎

6

这么几种："孩子的本领"，"孩子有多聪明"，或者"他们先天的能力"，等等。比他们的回答更令人惊讶的是，有更多家长和老师完全回答不出这个问题。父母和老师们经常会得到孩子们参加天赋儿童筛选项目、特殊教育筛选项目或智商测试等各种智力测验的分数，然而，竟然有这么多人不知道这些测试的真正意义。

智商测试和认知能力评估是用来识别"天赋和才能"的，而不是用来衡量先天的、遗传的智力因素的。IQ 测试测量的是已得到开发的能力。如果孩子恰好有机会发展了这些评估中衡量的那些推理能力，往往就能得到高分。但是如果孩子从未有机会发展某些特定的推理能力，那么这项评估的结果就不值得关注。爱荷华大学的教育心理学教授大卫·罗曼（David Lohman，2002）曾总结，一个人的能力是在校内和校外的各种经历中得到锻炼，并发展起来的。当父母和教师们面对"智力测试"分数时，他们往往会对孩子做出预设，在心里为孩子的发展潜力设定一个域限。

7 ◈ 潜能与勤奋的作用

潜能，这个词代表了可能性和期待。然而，很多时候这个词被用在了不合时宜的地方。比如这样一句话："他没有完全发挥自己的潜能"或者"我们能帮助你的孩子充分拓展潜能"。问题是，潜能是否真的可以用"完全""充分"来描述？它是那种可以在成绩报告单上显示的东西吗？既然是潜能，就不可能"完全"：它永无止境，我们的可能性是无限的。在儿童成长的过程中，他们所学习的知识和所经历的事情会越发复杂和富有挑战性。成长不止，潜力就永远不会达到顶点。在 2008 年，许多人以为迈克尔·菲尔普斯（Micheal Phelps，"飞鱼"）在拿到人生第十块奥运奖牌时，就已经达到潜力的极限了，但是在 2012 年奥运会上他再创传奇，一举夺得 8 枚奖牌而载誉归来。相信智力、才能、技能，甚至竞技体育水平能够不断提高，会激发人们不断进取。(Ricci, 2013)

我们每个人天生具有潜能。只是我们可能在一个或多个方面具备先天的特长或才能。这些特长的呈现形式千差万别——体现在肢体、创意、人际、学术、竞技、音律、艺术等方面——拥有无限可能。每个孩子都有属于自己的优势，与同龄人相比，有的孩子生来就有更明显的优势或才能。对于这些在特定领域拥有突出优势的孩子而言，他们的才能应该得到充分发展。然而，同样重要的是认识到其他孩子同样可以齐头并进，甚至超越他们。

> 每个孩子都具有先天的特长或才能，特长的呈现形式千差万别——体现在肢体、创意、人际、学术、竞技、音律、艺术等方面——拥有无限可能。

回想一下，你一定有过花了更多时间来学习一项新技能的经历。可能是练习身体协调性、演奏乐器、学习语言、使用高科技设备或者学一种新的烹饪方法。一旦你学会了这项新技能，它就成为你的特长。事实上，你很可能已经超越了许多已经掌握这些技能好几年的人。作为成年人的你，有动力、内驱力和毅力去达成一个你认为重要的目标，并且愿意投入时间去学习和磨炼。没有人能剥夺你的学习机会，没有人告诉你这对你来说"太难"或"这个小组、团队或艺术课不适合你"。没有人在你学习的路上设置障碍。然而，当面对孩子时，我们有时却会这么做。对孩子而言，恰恰是家长和学校制度，破坏了他们的学习机会，对他们寄予过低的期望，或者过早将孩子带离富有挑战性的环境。诸如此类的种种原因，抑制了孩子潜能的发挥。我们常常下意识地以大人的标准来评判孩

8

子,这会成为孩子学习的障碍,其中最主要的情形之一,就是用完成一个任务的速度来衡量大人和孩子的潜能。(Ricci,2013)

现代社会注重效率,越快意味着越好。如果我们没能在 2 分钟内拿到自己购买的那杯低咖啡因、脱脂、特浓的大杯焦糖拿铁,我们会很生气。网络通信不畅时,我们会不耐烦地连续点击几十次(你有没有过因此重复下单的经历呢?)。开车时,如果前面司机的车速太慢,我们就会按喇叭或大声抱怨。如果让父母或者教育者描述一个聪明的孩子,"做事快"很可能备受青睐,成为遴选的依据。而那些做事不那么快的孩子往往被罚坐冷板凳。关于这个问题,卡罗尔·德韦克曾对马里兰州巴尔的摩的一些教育工作者说:

> 我们是世界上唯一一个认为快速做完数学题就等于擅长数学的国家。其他许多国家都只认为学生解题的耗时与其数学能力和熟练程度有着密切关系。我们在数学学习上所花的时间,根本不足以造就杰出的数学家。

我们需要给自己一点空间,深吸一口气,认真想一想,就会意识到进步的关键不在于学得多快,而是在于坚持和努力。

9 🔹 贯彻成长型思维,营造成长型家庭环境

本书的核心目的在于协助读者在家中营造一种相信智能具有可塑性的家庭环境。每一位父母都应该由衷相信,每个孩子都能成功。与此同时,孩子也需要树立相同的信念。最重要的是,认识到未来的可能性蕴含在努力之中,只要有付出就会有所收获。无论大人还是孩子,要深入理解这一信念体系,就需要学习和理解大脑及其所有的可能性。(有

关大脑的信息,请参阅第四章。)最近数年来,神经科学的研究取得了跨越式发展。我们和孩子一起学习有关大脑的知识,对于激发努力和内在动机意义深远。

🔶 家庭的思维模式为什么重要?

卡罗尔·德韦克(2010)针对纽约市中学生的数学学习表现开展了一项调查研究。在学生们学习了大脑的特性,并且确信智力具有可塑性后,他们的成绩显著提升。研究显示,许多学生在进入初中时,已经持有了固定型思维模式,相信智力水平是与生俱来、一成不变的(Dweck, 2010)。无独有偶,在华盛顿特区城郊的一所致力于改变学生思维模式的学校里,我们所收集的学生反馈和访谈结果显示,超过六成的六年级孩子认为自己在学业上的优势和弱点是与生俱来、无法改变的。面对这些数据,我们不禁要问:孩子们究竟是在什么时候形成这种思维模式的?

为了解答这个疑问,我们在同一地区启动了另一项研究(Ricci, 2013)。我们开始在幼儿园搜集关于思维模式的数据。我们在秋季开学的时候就对幼儿园学生进行调查,询问他们对于"智力"的认识。调查同时覆盖了富裕地区和条件相对较差地区的幼儿园,结果发现100%的孩子都表现为成长型思维模式。

幼儿园的孩子都认为自己可以学到很多,可以有所成就。他们热情饱满,充满希望,渴求获得社交和智力方面的新知。在掌握了这些乐观的数据后,我们进一步调查了小学一年级学生对智力的看法。此时有大约10%的学生表现出固定型思维模式,绝大多数学生依然表达了饱满的求学热情,只有少量学生认为有的学生生来就更聪明,智商是我们无法改变的。继续用同样的方式询问二年级,而这一次,约18%的学生开始表现出固定型思维模式。

你是否发现了一种趋势？随着年级的升高，越来越多的学生认定智力是一个人的固有特性。他们开始认同"有的人天资聪颖，而有的人平平无奇"这一说法。跨度最大的转变发生在二、三年级之间。对三年级学生的调查显示，这一比例飙升到了 42%。我们的相关发现请参看表 1。

这些数字清晰地发出了信号：我们必须尽早把成长型思维模式注入孩子们的观念之中，将人人都能成功的信念深植于每个孩子的心中。在孩子们第一次走进幼儿园时，五岁的他/她跃跃欲试地想要学习，并且相信自己能行。这时大人们需要做的，就是捕捉这样的思维模式并予以强化，确保其能贯穿孩子的一生。那么，这一目标如何实现呢？

> 我们必须尽早把成长型思维模式注入孩子们的观念之中，将人人都能成功的信念深植于每个孩子的心中。

11 **表 1 不同年级学生在固定型思维和成长型思维上所占比例**

年级	固定型思维	成长型思维
幼儿园	0	100%
1	10%	90%
2	18%	82%
3	42%	58%

数据来源：《课堂里的思维模式》（*Mindsets in the Classroom*，p. 11 by M. C. Ricci, 2013, Waco, TX：Prufrock Press. Copyright 2013 by Prufrock Press）已获得授权。

本书后续章节中的内容，会着重于为创设成长型思维模式的家庭环境提供引导和建议。我们听取了许多来自不同社会背景、不同文化、不同教育背景的父母们的意见，了解了他们关心的问题，向他们征询期望获得哪些支持和资源。你可以把本书提供的方法和信息看作一本菜谱，根据需要选取相应内容开展阅读。许多家长都提到这样一个现象，即对一个孩子有用的方法，对其他孩子可能完全没用。然而，我们非常确定地知道，要建立充满成长型思维模式的家庭环境，父母首先得塑造自己的思维模式。

第二章
父母在塑造成长型思维模式中扮演什么角色？

13

"了解思维模式，让我更懂得如何做一个好爸爸！如果在孩子更小的时候就学到思维模式理论就太好了。相见恨晚！"

——乔，两个孩子的父亲

营造一种充满成长型思维模式的家庭环境，首先应该认真审视自己家庭当前的思维模式。如果是父母双方一同照看孩子，那么两位都应该审视自己的思维模式。你的家庭很可能存在一种混合的思维模式——父母其中一方倾向于成长型思维模式，另一方则更倾向于固定型思维模式。如果父母处于分居状态，一方同样应当与另一方积极沟通，彼此明晰为孩子营造成长型思维环境的重要性。文化背景会影响你对智力、工作态度和期望的信念，现在以开放的心态开始自我审视吧。读第一章的时候，你也许已经从本书的描述和举例之中感受到自己是偏向于固定型还是成长型思维模式了。如果感觉还不确定，可以对照下一节中的表1。这套家长思维模式反思工具，能够帮助作为家长的你了解自己具有怎样的思维模式。

14

🔶 家长思维模式反思工具

这套反思工具的目的并不是要指摘你的养育方式或让你感到自责。

它只给你提供一些基本的指征,提示你的某些举动倾向于哪种思维模式:是成长型、固化型,或是介于两者之间。这套问卷并没有涉及你与孩子的过往,也不涉及你们独特的性格特质和观点。如果你发现问卷中所描述的某些情形在你的生活中反复出现,你可能会以简洁、沮丧或者固化的方式做出应对。如果在你和孩子相处时从未出现过问卷中所提及的情形,你可以根据自己目前对成长型思维模式的理解选出自己倾向的答案,或者预测一下自己可能会作何反应。

　　找一段可以安静思考的时间,想一想这些问题和情景。别着急寻找"正确"答案。如果所有选项都不符合你的实际情况,那么就选择一个最接近的,或者干脆跳过这个问题。我们特意不要求你加总这些答案以得出一个测试结果,从而确认你的思维模式属于固定型还是成长型。请记住,在第一章中我们曾阐述过,在生活中的不同领域,我们会倾向于不同的思维模式。在答完家长思维自测题中的所有问题之后,参照附录 A 中的信息,看看你的回答倾向于哪一类型:固定型、成长型抑或是居中(中立)型。在回顾和审视自己的回答时,你的脑中或许浮现类似这样的一些想法:"我从未意识到我其实偏向成长型思维模式",或"我以为自己比较偏向成长型思维模式,但其实我的回答更接近固定型思维模式"。这个练习的目的在于帮助你反思自己在常见的亲子教育场景中持有怎样的思维模式。

表2　家长思维模式反思工具　　　　　　　　　　　　　*15*

家长思维模式反思工具
第一部分
　　根据以下给出的场景,选择最接近你实际的典型反应的选项。(不要试图选择所谓的"正确"的答案——按你的真实情况作出选择。)

1. 孩子拿回家一张写着 A 的成绩单,你会说:
　　a. 太棒了!你真聪明!
　　b. 真不错——我知道你就是能拿 A 的。
　　c. 哇!你的用功学习见到成效了。

续　表

2. 孩子拿回家的成绩并不理想，你会说：
　　a. 我早就和你说过要再多花点时间的。
　　b. 老师打分怎么那么严啊？你应该去找老师好好沟通一下。
　　c. 你是怎么做这个作业的？下次有没有可以改进的地方？

3. 孩子在比赛中为球队拿下制胜分，你会说：
　　a. 真为你骄傲！全队靠你才赢下来的！
　　b. 哇！你在训练上的所有付出果然得到了回报！
　　c. 能打进那一球真是运气不错。很棒！

4. 孩子在体育比赛或者文艺表演中因为紧张而发挥失常，你会说：
　　a. 表现太棒了！
　　b. 这不是你的最佳表现，看得出来你有些紧张。
　　c. 看得出得你对今天的表现不满意。下次可以怎么样尽可能准备得更充分一些，让
　　　自己更加自信呢？

5. 看到孩子长时间专注于琢磨一件事（一个游戏、拼图、应用程序、电子产品等），你会说：
　　a. 看你一直埋头研究，我很欣慰你没有轻易放弃。
　　b. 我觉得你花的时间已经够多了。解决不了就放下吧。
　　c. 来，我帮你弄。

6. 注意到孩子对某件事只有三分钟热度，你会说：
　　a. 我很开心你兴趣广泛地在尝试不同的事情。
　　b. 试着再坚持得久一些，多加练习，或者尝试一个新的解决思路。
　　c. 就这样吧。碰到困难时我也会放弃的。

第二部分

1. 通常都很优秀的孩子在某个科目上表现不佳，而且你注意到情况在变得更糟。你
　　会做出怎样的反应：
　　a. 尝试了解同一班上其他同学的情况。也许这是老师呈现新知识的方式出了问
　　　题呢？
　　b. 对孩子强调如果成绩没有起色，将会有什么后果（如不许碰电子产品，限制和朋
　　　友们玩的时间）。
　　c. 你会和孩子沟通，指导他弄明白学习中可能存在的障碍（困惑、分心、学习节奏
　　　等），试着弄明白他需要什么样的帮助。

2. 注意到孩子在完成一项任务的过程中陷入困难，你会：
　　a. 给孩子换一件事做，转移注意力。
　　b. 告诉她遇到困难是正常的。
　　c. 帮她完成任务。

16

17

3. 你注意到孩子会有意回避挑战（比如在游戏、体育运动或学术性课程中）。当你问其缘由时，他说那些挑战非常"愚蠢"。面对这样的情况，你会：
  a. 问问他，为什么觉得愚蠢。仔细倾听，检查他是否具有固定型思维模式的苗头。
  b. 告诉他，没必要寻求挑战——做一些令他轻松自在的事就好了。
  c. 让孩子知道，一时做不到是没问题的。

4. 孩子因为自己不小心做错事而表现得非常生气。你会：
  a. 告诉他冷静下来，不要生气。
  b. 和他分享一个关于自己失败或者失误，但是从中学到东西的故事。
  c. 因为孩子的过失而生气，认为他是明知故犯！

固定型思维模式家长抑或成长型思维模式家长？　现在该怎么办？

18

家长思维模式测试的结果揭示了此时此刻你养育孩子持有的思维模式倾向，但是这只是反映了过去和现在的情况。思维模式可以通过刻意练习和努力发生改变。如果你发觉自己通常偏向成长型思维模式，那么可以侧重考虑自己偶尔表现出固定型思维模式或者中立思维的情况。如果你发觉自己在教育孩子时更多偏向固定型思维模式，就着重考虑在碰到以下情形时，应该如何改变自己的回应方式：

◇ 课业成绩

◇ 运动或者文艺表演

◇ 当孩子面对困难和挫折时

◇ 当孩子失败和犯错时

更重要的是，回顾面对以下情形时，你自己会如何应对：

◇ 当自己犯错和失败时

◇ 当面对挑战时，自己在什么情况下，因为什么而决定要彻底放弃

> 思维模式可以通过刻意练习和努力发生改变。

你也可以参照表3——成长型思维模式反馈连续体。这个反思工具将家长给孩子的反馈划分为三方面：表扬、毅力和坚韧。看看箭头两端的叙述，然后在横轴的相应位置上标记你所处的位置。仔细看看自己在哪方面更偏向于固定型思维模式（箭头左端）——也就是你需要更加给予关注的方面。

19 **表3 成长型思维模式反馈连续体**

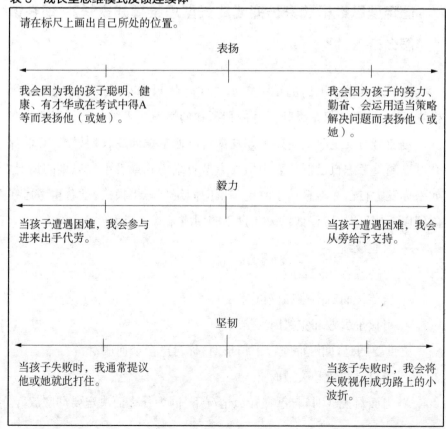

请在标尺上画出自己所处的位置。

表扬

我会因为我的孩子聪明、健康、有才华或在考试中得A等而表扬他（或她）。　　　　我会因为孩子的努力、勤奋、会运用适当策略解决问题而表扬他（或她）。

毅力

当孩子遭遇困难，我会参与进来出手代劳。　　　　当孩子遭遇困难，我会从旁给予支持。

坚韧

当孩子失败时，我通常提议他或她就此打住。　　　　当孩子失败时，我会将失败视作成功路上的小波折。

家长的思维模式

你自己的思维模式对孩子思维模式形成的影响甚巨,这正是作为父母的我们必须倾力塑造自己的成长型思维模式的原因。知易行难,特别是当我们本来有着固定型思维模式的倾向时。当孩子们看到我们在面对挑战、困难和挣扎时依然勇往直前,他们会开始把挫败和坚持看作人生的一部分。他们会明白,在某件事上不成功,并不意味着我们是失败者。我们曾经和一位不愿让孩子看到自己失利的父亲讨论过这个问题。他认为成为孩子的楷模,让孩子尊重和敬仰自己是非常重要的。直到他更多了解了错误尤其自身的价值之后,才意识到自己并不总是需要在孩子面前表现"完美"。随即他注意到,当孩子看到他在犯错后能以积极的方式从中吸取教训或快速恢复过来时,更会对孩子产生终身受用的积极影响。你的行为所产生的影响以及你作为父母所具有的榜样作用不可低估。

混合型思维模式家庭

混合型思维模式家庭是指父母中一方倾向于一种思维模式,而另一方持另一种。如果家里的父母分别倾向两种不同的思维模式,教育的效果就很难保证。在我们的一次家长分享会上,大家纷纷表示,拥有成长型思维模式的一方往往得替持有固定型思维模式的一方"收拾残局"。在建立成长型思维模式的家庭环境的过程中,反思的第一步就是认识到我们的养育方式受到我们自己成长经历的影响。有些家长希望按照自己的成长方式来抚养孩子,有些则有意识地选择完全相反的方式。临床咨询师贝茨(Allison Bates)说:"在我们的成长过程中形成的信念体系会

被带入我们的每一段人际关系之中，但并不意味着这一定是养育子女的最好方式。"(Kadane，2013)

21   如果你和你的另一半有着不同的思维模式，并且决定要共同努力向成长型思维模式转变，那么最好是先关起门来统一思想和行动，然后在孩子面前采取一致的行动。改变要循序渐进，比如可以从改变给予孩子表扬或反馈的方式开始。本书第三章将向大家提供有关具有成长型思维模式特征的反馈和赞扬的指南。这是营造成长型思维模式家庭氛围的第一步。

你可能认为调整反馈和赞扬的方式是容易的，但事实会证明要调整赞扬与反馈的方式，可能比想象的更具挑战性。如果你家里常常把诸如"你真聪明""太有才""这孩子脑子真好"等话语挂在口头，那么这种转变则会更加困难。顺带一提，祖父母往往是这类赞扬的来源——毕竟，天下的祖父母都觉得自己的孙辈特别聪明。所以，别忘了花些时间，向祖父母和其他照看孩子的人解释什么样的赞扬和反馈有利于塑造成长型思维，让他们明白营造成长型思维模式的成长环境对家人很重要，尤其可以让孩子从中受益。

我们来看一个例子。一位外婆和她的女儿劳伦正在共享午餐，劳伦正好利用这个机会与母亲分享了自己的教育女儿观念。

外婆：我只是告诉我的朋友玛丽我们家小索菲亚有多聪明——玛丽对索菲亚做的每一件事都赞不绝口。

劳伦：妈妈，索菲亚确实做得很好。但是在孩子面前我们就不要说"聪明"了。我不想让索菲亚觉得自己"聪明"。

外婆：可为什么呢？她才4岁，就已经开始读书了。事实上，我把她读书的照片发在脸谱上，大家都觉得很了不起。我得了好多个"赞"。（外婆笑得很灿烂）

劳伦：我理解，妈妈。但是我希望能让索菲亚收到关于努力和勤奋的积极反馈。当我们跟她说聪明时，是在暗示她是什么样的人，而不是她做得怎么样。我担心如果我们不断强调她的聪明，那么当　22
她不那么顺利时，就会开始想也许自己变得并不那么"聪明"了。

外婆：你知道的，我拉扯大了三个孩子，你们三个不是都挺好吗？我就是不停说你们很聪明的。（外婆有些情绪）

劳伦：我也觉得在她做得好的时候，忍住不去称赞她"聪明"确实有些难。这需要多加练习，但这对我来说很重要。那么，从现在开始，让我们一起更加关注她的坚持和勤奋，并给予她鼓励。如果今后你还是想说她有多么聪明，在你我聊天时说就可以了。（微笑）

下一段对话则发生在一位爷爷和他的儿子丹之间。父子俩在高中时都是田径明星。爷爷因此对孙子埃米特寄予厚望。

祖父：将门无犬子啊。你看到埃米特跑得有多快吗？他会是咱们家的第三代田径明星！

丹：是的，爸爸。他确实跑得很快，但是我不确定他想走田径这条路。

祖父：什么？他可天生是这块材料啊！我前些天还跟他说，我很高兴他继承了我们家的田径天赋。

丹：爸，我们最近在研究一个蕴含无穷力量的概念，叫做思维模式。埃米特在学校学了这个理念，这已经让他能够保持进取，敢于直面挑战。让他知道你为他骄傲固然重要，但如果能关注他现在在足球比赛里有多拼，而不只是称赞他的跑步速度，那就更好了。

祖父：我只不过是想让他知道他是一个天生的田径明星。这有什么错？

23 　　丹：爸，我知道你是好意。埃米特很爱你，也很崇拜你。但是现在我们学习了思维模式，我们渐渐发现埃米特有时会倾向于固定型思维模式——当他觉得自己无法做好某些事时，他甚至不愿意尝试。我们想通过表扬他努力、敢于尝试新事物、不轻言放弃，而不是告诉他这是"与生俱来"的，来帮助他应对将来会面临的挑战。

　　祖父：我确实没从这个角度考虑过。我记得你像他那么大的时候也不愿意尝试自己不太自信的事情。还记得你第一次打篮球的情景吗？在第一场比赛中，你一分未得，从那以后就再也不想打了。

　　今后我还是会认定他是我的小飞人，当爷爷的哪有不以自己的孙子为荣的？但是我也能理解为什么你不想让我当着埃米特说这些了。

　　丹：爸爸，谢谢你能理解。

　　家长往往陷于在"先天/后天"的争论中难以自清。或多或少，我们往往将孩子的成败归因于基因的作用。"嗨，他随他爷爷，生来就是机械师。""我自己数学一向不行，我太懂她的感受了。"作为临床心理学家和作家的欧里弗尔·詹姆斯（Oliver James，2008）认为："家长持有的基因几乎完全决定了孩子未来发展的这一想法就是有害的。"（para. 1）他还用精神疾病做了类比，"如果一个精神疾病患者认为自己的问题源于基因，那么他被治愈的概率会更低，这可能是因为病人认为自己无法做出任何改变"（James，2008，para. 1）。家长、老师、教练、童子军领袖，以及所有其他的成年人榜样，都永远不应该将对能力的认知建立在遗传基因的基础上。在孩子的成长过程中，如果有成年人以口头和非口头的形式表达过对孩子的低期望，都会对孩子成功或成就的获得产生不利影响。

　　我们学习思维模式和心智可塑性理论的另一个重要原因，是为了改善我们自己在养育角色之外的生活。根据作家兼生活教练乔尔（Joel

F. Wade，2012)的观点,具有成长型思维模式的成年人会更加主动地参与到具有挑战性的任务中,更会坚持不懈,也更能从逆境中走出来。

持有成长导向思维模式的管理团队,会比那些相信固有能力的团队取得更高的业绩。另外一个有趣的现象是,具有成长型思维的人对自己的绩效和能力的评估也更加准确,而持有固定型思维的人则常常失准。

家长、老师、教练、童子军领袖,以及所有其他的成年人榜样,都永远不应该将对能力的认知建立在遗传基因的基础上。在孩子的成长过程中,如果有成年人以口头和非口头的形式表达过对孩子的低期望,都会对孩子成功或成就的获得产生不利影响。

许多大企业已经在公司管理中采用了成长型思维模式的理论。2015 年 6 月,微软公司首席执行官纳德尔拉(Satya Nadella)向全体员工发送了这样一条信息:

微软的一切成就都始于相信每一个人都可以成长和发展;这种潜力是培养出来的;每个人都能转变自己的思维模式。所谓领导力,就是让人们表现出最佳的状态,并找到所从事工作的深层次意义。我们需要持续学习,永葆好奇心。当我们犯错时,我们需要具有勇敢接受不确定性、承担风险并快速采取行动的意愿,并且懂得失败是走向成熟的必经之路。我们需要以开放的态度听取他人观点,也正因如此,他人的成功并不会削弱我们自己成功。(Rosoff,2015，para. 5)

《哈佛商业评论》(*Harvard Business Review*，HBR)在报道公司如何从"成长型思维模式"中获益这一议题(基于卡罗尔·德韦克所主导的研究)时，取得了以下发现：

25　　　　与持固定型思维模式的高管相比，具有成长型思维模式的高管看待员工的态度显然更加积极，认为下属们更具创新性、协作性，并且更愿意学习和成长。他们也更可能认为下属具有管理潜能。(HBR Staff，2014，para. 5)

研究报告同时揭示，具有成长型思维模式的公司在招聘时会考量求职者的思维模式。

正如上文所叙，思维模式的意义并不局限于教育孩子。思维模式几乎影响着我们生活的所有领域——甚至我们与身边其他人的关系。在自己身上识别出固定型思维的念头，然后努力说服自己站在成长型思维这一端。这一过程可以大张旗鼓地进行，孩子也可以亲眼见证你的思维模式是如何一点一点改变的。这里列举一些想法：

◇ 如果发现自己说出"我不知道怎么填写这些文件"时，立刻跟上一句，"我要上网研究一下，或者致电银行咨询。相信一定能弄明白怎样准确填写"。

◇ 对自己固定型思维模式的话语保持警觉，譬如"我真是个糟糕的厨师"，"我从来都不擅长数学"，"要是我像你一样会弹琴就好了"。(你当然可以，只要有恰当的指导、合理的方法、勤奋的练习、长期的坚持!)

◇ 警惕把任何积极或消极的事情归咎于基因的作用。在将你的孩子与他的兄弟姐妹或其他孩子比较时，尤其需要谨慎行事。

◇ 榜样的力量! 我们希望孩子能在学习任何事物时享受过程中的

愉悦，而不是仅仅关注结果是否成功。在家里，你需要成为身体力行的榜样。例如，在挑战一个新的烘焙配方时，如果尝试的结果不那么令人满意，你可以说："这次从烤饼干的过程中真的学到了很多。"而不是说："唉，浪费那么多时间，这些饼干却难以下咽。以后再也不会尝试这个配方了。"

◇ 指导孩子重新表达带有固定型思维模式的语句。有时听到孩子说"我不擅长数学"或者"我就是读不懂莎士比亚"，这时候要跟她指出这是固定型思维模式，并引导其走向成长型思维模式。提醒她：你可能一时不懂，但是通过问问题、换一种新的学习策略、订立小目标、认真投入等方法，可以慢慢做好。

26

为了提供更多的办法，本书第四章概述了一个提纲，帮助您与孩子交流和理解大脑的重要性，并认识到使用带有成长型思维意味的语言有多重要。

了解孩子思维模式的讨论题

你已经检测了自己的思维模式，接下来让我们一起了解一下孩子的思维模式。幼小的儿童通常有成长型思维模式的倾向——还记得第一章里我们提到过的研究吗？随着年级的升高，越来越多的学生相信智能是一种固定性特质。

因此，我们需要在孩子小时候就开始着手，助力他们始终保持学龄前时看待发展可能性和潜能的积极态度。那么，如何知道孩子究竟偏向固定型思维还是成长型思维呢？方法不外乎观察、倾听和交谈。我们需要单独与每个孩子讨论以下几个问题。这些问题适用于各个年龄段的孩子，只需要根据孩子的年龄特点在措辞上对一两个词略加改动即可。

◇ 你是否觉得每个人都可以学会新东西？为什么？

◇ 你是否认为有些孩子生来比其他孩子更聪明？为什么？

◇ 你觉得我们确实能改变我们的聪明程度吗？为什么？

> 我们需要在孩子小时候就开始着手，助力他们始终保持学龄前时看待发展可能性和潜能的积极态度。

27　　我们预期多数孩子都会就第一问题表示赞同，也就是认为每个人都能学习新知。我们以这道题做热身准备。当问及一些人是不是生来就比其他人更聪明一些时，仔细倾听孩子的回答。我们对孩子们的真实回答做了如下总结：

◇ 有些孩子很懒，他们不肯好好学习。

◇ 每个人都是从零开始的。

◇ 大家生来是一样聪明的。

◇ 小孩子并不是生来就聪明，他们会越来越聪明。

◇ 有的孩子在数学方面生来聪明，而有的孩子就不是。

如果你的孩子认为我们的聪明程度是天生的，那就属于固定型思维模式。如果孩子认为我们可以变得越来越聪明，那就属于成长型思维模式。单独和你的每个孩子谈一谈，把孩子可能的思维模式类型记在心里。当你开始向成长型思维模式家庭转变时，需要在谈话中不时重提这些问题，用以衡量孩子在成长/固定型思维量表中所处的位置。

🔸 成绩怎么办？

如果你的孩子正在上学，回想一下你和孩子近期的谈话。他们有没有谈论过作业分数、考试或学业报告卡呢？多数有吧。我们往往过度强调成绩的重要性。我们会上网查询成绩，我们甚至经常比孩子更早知道他们的作业或考试成绩。其实，分数只表明了孩子在某一时刻，对某一学科中的某些特定技能、概念或学习内容的掌握情况。分数并不能预测孩子的发展，更不能决定他或她的可能性。不太理想的分数是进行反思、重组和重新学习的好机会。不同教师的评分标准并不统一，也并不总能反应孩子的真实掌握程度，除此之外最重要的一点是，分数会强化固定型思维，并使之永久化。（顺便说一句，有些地区的学校已经采用了更具成长型思维导向的标准化评分系统。）

28

> 分数只表明了孩子在某一时刻，对某一学科中的某些特定技能、概念或学习内容的掌握情况。

分数造就了一种外在动机。外部奖励来自孩子自身以外，如金钱、小红花，当然还有分数等。《驱动力：关于我们动机的惊人事实》(*Drive: The Surprising Truth About What Motivates Us*)一书的作者丹尼尔·平克(Daniel Pink, 2009)诠释了为什么"奖励许诺"（"你可以拿到 A！"）式的激励法有其弊端。这样的激励模式通常使学生以获得高分为目的，而一旦达到便不再努力。与此相对应，内部奖励是指一个人在没有外部奖赏的情况下，因为完成任务而得到的自我满足感。一个通过不懈努力得到 B 的孩子，也许会比一个轻松拿到 A 的孩子收获更多的学习动力。我们遇到许多这样的孩子，他们一心想得到奖状或拿到一个难以企及的 A，却失去了对学习的热爱。《失败的礼物》(*The Gift of Failure*)一书的作者，教育学家杰西卡·莱希(Jessica Lahey, 2015, p. 20)指出，从上学第一天起，我们就开始引导孩子向"成就的祭坛"进发，训练他们用分数、成绩、奖状、奖章等来衡量进步。我们教会孩子智力比人格更重要，教会孩子要把高分、奖励或奖杯带回家。我们期盼大学的录取通知书和奖学金。因为这些，我们也教会了孩子惧怕失败，而对失败的惧怕会毁掉他们对学习的热爱。（Lahey，2015）

> 我们遇到许多这样的孩子，他们一心想得到奖状或拿到一个难以企及的 A，却失去了对学习的热爱。

29 读到这里，我们希望你已经开始思考下列问题：

◇ "他就是要拿到 A，这会确保他进入强化班。"

◇ "但我们家最看重的就是教育，我们想要孩子拿全优。"（我们真正需要期待的是孩子在学习中全力以赴并且能运用恰当的学习策略，无论是否拿到 A。）

◇ "她需要考出最好的成绩，从而保证她获得大学的奖学金。否则，她就读不了大学。"

这些都是我们希望孩子成为优等生的正当理由，事实上，这正是当前美国教育的写照，高分数是进入特长班和大学的入场券。好在，当今的社交网络和教育媒体上已经开始了针对分数价值的反思，事实上，取消分数的学校和学区不断出现。所以，未来可期！然而，目前在绝大多数学校中，分数依然是必须面对的现实。对我们来说，最重要的就是避免过分强调孩子的分数，而要把注意力放在学习的过程上。孩子们在过程中付出的努力才更值得关注。越来越多的学院和大学在招生录取中更看重学生面试时的表现，而不是高中成绩单、SAT 或 ACT 的成绩。根据全美公平与公开测试中心（The National Center for Fair and Open

Testing，简称"Fairtest"）①的统计，目前有超过800所学院和大学已经将考试成绩列为"非必要"项目，在本科生招生时不再要求申请人提供ACT或SAT成绩。因为这些成绩难以预测学习者的成功。许多高校都以面试替代了考试成绩。这些面试主要通过提问来考量申请者的道德规范和意志品质，认为这才是在大学学习中取得成功的关键因素。与学校教育相关的更多话题，我们将在第六章继续讨论。

灵活性和乐观精神

　　持成长型思维模式的家庭也更具思维灵活性和乐观精神。具有成长型思维模式的人往往更加积极乐观。那么，如何让我们的家庭充满灵活性和乐观精神呢？

> 成为灵活性的楷模。通过全家人讨论，建立一种共识，即改变是生活中的重要部分。当事情没能按预先规划进行时，正是以灵活的心态为孩子提供示范的好机会。不要让沮丧的心情占了你的上风。这反而会让孩子察觉到你有主动适应变化的能力。当计划改变或成功并非立竿见影，而你的孩子表现出了心理弹性和适应能力时，记得及时称赞他。

> 成为乐观精神的楷模。养成"杯子半满，而非半空"的心态。一个心怀希望且乐观积极的人会相信任何事情都有积极的一面。

> 当一些被认为是"坏"的事情发生时，尝试在其中寻找"好"的方面。这很有趣！例如，当一个杯子被打碎时，一个可行的积极的反应是："现在架子上有更多空间啦！"

---

① 全美公平与公开测试中心是一个全国性的教育组织，致力于终结标准化考试的误用和缺陷，并确保针对学生、教师和学校的评估是公平、公开、有效和有益于教育的。——译者注，资料来源：http://fairtest.org。

我们应该努力让自己成为希望孩子长大后成为的那个成年人。

🔺 小心！ 警惕假性成长型思维模式

有时，我们自以为具有成长型思维模式，而实际的行为则不然。卡罗尔·德韦克(2016)和她的合作研究者将这种现象定义为"假性成长型思维模式"。我们需要格外警惕的是以假性成长型思维之名，行固定型思维之实。其中一个例子就是，告诉孩子他们有能力做任何事情——"孩子，只要用心，你可以做成任何事情。"确实，你向孩子传递了一个重要的信息。但是当你这么说时，要充分考虑孩子是否具有实现它所必需的经验和知识。德韦克(2016, para. 8)对此做了这样的解读："尽管事实如此，但是简单断言并不能促进孩子完成任务，特别是当孩子还不具备实现目标的知识、技能、方法和资源时，就更是如此。"

德韦克和她的研究团队还发现，许多家长在观念上认同成长型思维模式，而在实际言行上却表现为固定型思维模式。德韦克(2015, para. 12)阐述道："家长将孩子所犯的错误视作需要解决的问题，或者认为其有害无益。在这种情况下，孩子的智能发展会更倾向于固定型思维模式。"

在建立具有成长型思维模式的家庭环境时，对自己要保持耐心。不要指望改变会在朝夕间完成。当孩子出错，尤其是当你认为他们原本应该做得更好时，我们很难不去做出反应。真正的窍门在于你所做出的反应要引起孩子的反思、重新定向和重新思考。比如说，用好奇的口吻问孩子："下次你会怎么调整呢？"

31

第三章
我们的赞扬和反馈如何影响孩子的思维模式？

"我喜欢妈妈夸我做事全力以赴！"

——本杰明，9 岁

"赞扬"的英文单词"praise"来源于拉丁文"pretaire"，意思是"高度评价"。这精准地表达出一种含义：没有谁比父母更加珍视自己的孩子。每当我们赞扬孩子，无论出于什么具体原因，最大的心愿始终是让孩子感到被认可与被珍视。

反馈的目的不仅仅是提供"温柔的抚慰"，而是向孩子提供精准信息，描述其在完成任务过程中的表现，从而帮助孩子认识、强化和改进自己的行为。作为成年人，我们通常会试图通过反馈，引导孩子们如何完成任务、提高技能，或以新的方法处理事情或解决问题。

然而，我们很少认真思考赞扬和反馈的措辞及目的——通常，我们只是跟孩子说那时我们希望他听到的话。如果我们花一点时间从固定型和成长型思维模式的视角反思我们赞扬和反馈的方式，就会发现还有改进的空间。我们经常忽视的一个要点是，没有考虑孩子在听到赞扬或反馈后内心会发生什么样的变化。家长们应该时刻预想孩子在得到赞扬或反馈后会作何反应，会有何感想。赞扬和反馈的真正力量在于将两者有机结合，并且谨慎选择语言，使之能够强化我们希望孩子们发展的成长型思维模式。

赞扬的学问

卡罗尔·德韦克(2006)的研究揭示：赞扬孩子的能力会把他们推向固定型思维模式的一端，同时也会削减他们从参与过程中体验到的快乐。我们来看一个案例：

"儿子，你真是个天生的击球手！"回家的路上，马可的母亲骄傲地拍着他的背。马可在刚刚结束的少年联盟赛中打出了三记安打，有两次还是双打。马可的妈妈开心极了，急切地想要告诉儿子，她为他感到自豪，并且肯定了儿子的棒球天赋。

那么，对于9岁的马可来说，他听到的是什么呢？事实上，他得到了以下信息：

◇ 他特别擅长打棒球。

◇ 他生来就是个出色的击球手。

◇ 他很难会被对手三振出局。

◇ 他的妈妈自豪又开心。

> 赞扬和反馈的真正力量在于将两者有机结合，并且谨慎选择语言，使之能够强化我们希望孩子们发展的成长型思维模式。

35 接下来会发生什么呢？马可开始觉得自己不用经常练习击球了。因为他认为自己天赋异禀，所以不需要花时间来精进自己的技术。再次上场前,马可信心十足,志在必得。但当他连续两次三振出局后。他感到迷茫且挫败。"我为什么没能击中呢? 我应该很擅长这个啊! 我妈妈甚至也这么认为! 要是我并不像妈妈以为的那样有天赋,妈妈会失望的。"

注意到了吗? 马可的妈妈称赞了他的"天赋",这就是德韦克所说的"表扬个人特质"(person praise)。当称赞一个人的某些特质,比如才智或者天赋时,我们其实在传递一种信念,即成功源于个人无法左右的、与生俱来的特质,就如同说"你长得真高"。个子的高矮,不是靠努力、坚持和勤奋可以控制和改变的。

与此相对应,马可的妈妈或许可以采用德韦克称作"过程性表扬"的策略。过程性表扬会让孩子关注自己做了什么,而不是自己是谁。在马可的案例中,他的妈妈可以说:"好球,儿子! 我看到你的练习得到了回报!"这样的表扬同样传递了你为他的成就感到自豪,不是将成功归因于固有的能力,而是将成功归因于马可在练习过程中付出的努力,这也会改变马可后续的想法和行为。他会对今后的练习充满热忱,并会持续磨练自己的技术。马可会更加关注成长、进步以及持续改进。

我们再来看一个与学习相关的情境:

> 苔丝按捺不住雀跃的心情,把三年级第一学期的成绩单递到姨妈眼前。姨妈欢呼起来:"全 A! 你真聪明! 像你妈妈。"苔丝笑得很开心,暗想聪明真好。

姨妈的赞许就属于对"个人特质的表扬"。在苔丝听来,这句话意味着:

◇ 苔丝取得优异成绩全靠聪明。

◇ 苔丝的妈妈很聪明,所以她一定生来就聪明。

36　　苔丝的姨妈刚才是不是强化了固定型思维模式？她在称赞苔丝聪明的同时，也将才智解读为某种一部分人有，而另一部分人没有的品质，它无法通过后天努力得到发展。现在苔丝会把自己的学业成功归因于与生俱来的聪明。这种思维模式会导致苔丝回避更具挑战性的任务，因为她不想改变人们对她"智力卓越"的好印象。她会认为对她而言，学习总是轻松的，一旦遇到挑战，她就会感到被击败，而不是选择坚持。

　　如果马可和苔丝的案例都表现出了失败而非成功的迹象，如何能让他们的情况有所改善呢？英国肯特大学的研究者斯奇帕尔（Yvonne Skipper）和道格拉斯（Karen Douglas）发现，当孩子们遭遇失败时，采用针对"个人特质的表扬"远比对过程给予反馈，更容易引发孩子对失败的消极态度。这一发现也支持了我们的观点，即表扬必须是具体的，且要避免指向孩子无法改变的事物。

　　让我们再来看一个不同的场景，进一步探讨我们的理念：

　　　13岁的伊莉斯从幼儿园开始就参加了运动中心的课外艺术俱乐部。她有几幅佳作挂在社区中心的画廊里，去年秋天还在学校的雕塑比赛中一举夺魁。她很享受在艺术俱乐部的时光，期盼着每周三下午的到来，在课堂上她可以练习绘画技巧，学习新技法。今年，艺术俱乐部高级班的学生有机会跟随一位多才多艺的艺术家卡瑟拉学习每周一次的绘画课程。最近，卡瑟拉向伊莉斯所在的高级班介绍了一种新的绘画介质——水粉，它是一种不透明的水彩颜料。尽管苦练了数周，伊莉斯依然难以驾驭水粉的调色技巧，她已经中途放弃了好几幅部分完成的作品，因为她感到沮丧，对自己的画不满意。伊莉斯的爸爸注意到她最近不再像以前那样每周投入很多时间为艺术班的学习做准备了。

37　　　"我厌倦绘画，它一次次证明我是错的。"伊莉斯一手拿着画笔，一手捏着操作一团的画纸，尖叫着从自己房间走出来。伊莉斯的爸爸后退了几步——又一张从他作为生日礼物送给她的高价画板上撕下来的废纸。

女儿一筹莫展，爸爸也不知所措。他试图安慰："伊莉斯，亲爱的，你拥有上帝赐予的艺术天分。你的每一幅画都很美啊。"

在伊莉斯听来，这句话意味着什么呢？

◇ 她生来就有艺术天赋。

◇ 爸爸想要安慰她，说在他眼里女儿所做的一切都很完美。

◇ 水粉对她来说应该很容易，就像其他绘画技巧一样。如果她做不到，也许意味着她并不像别人所认为的那样擅长绘画。

伊莉斯的父亲选择用赞美来安慰自己灰心丧气的女儿。他希望通过提醒女儿相信自己的艺术天分，增强伊莉斯的信心，但实际上，这种赞美的效果适得其反。伊莉斯听到的每一句话恰恰在助长固定型思维。她得到的赞美源于一种天生的本性，而不是付出努力、使用策略或表现出坚韧的毅力。

我们每天都会在不经意之间听到与上面几个故事类似的赞美。大人们往往出于善意去赞美孩子的能力。就连作为本书作者的我们也是这样。我们自己长期研究固定型思维模式和成长型思维模式，也写了很多论文，还到处开讲座，可是到头来，仍然偶尔会发现自己差点儿就说出了"聪明"或者"天才"这样的赞美。幸好，我们绝大多数情况下会在脱口而出前发现并及时刹车。我们能够改变和替换这些带有固定型思维模式特征的称赞，找到新的、能够促进成长性思维发展的赞美方式。你也一定可以做到，只要多加练习。让我们再来看三种具有成长型思维模式倾向的赞美。

38 成长型思维模式的赞扬方式之一： 赞扬努力（effort praise）

> 以勤奋和努力去迎接挑战是成长型思维模式的标志。

持固定型思维模式的人往往认为，他们之所以勤奋是因为自己"不够聪明"和"缺乏天赋"。这使得他们轻言放弃，感到挫败，并且认定自己永远都不可能精通某项技能。我们需要让下一代理解勤奋不是弱者的标志，而是我们需要拥有的品质。勤奋——无论是面对数学难题、油画，还是一段新的舞蹈动作——可以强化他们的神经连接，促进大脑的成长发育。我们要鼓励孩子们主动寻找需要付出努力去应对的挑战，而不是回避那些让他们竭尽全力的情境。温斯顿·丘吉尔曾说过一句名言："悲观主义者在每一次机遇中都能看到困难，乐观主义者在每一次困难中都能看到机遇。"以勤奋和努力去迎接挑战是成长型思维模式的标志。

为了开发孩子的这些品质，我们需要确保让孩子听到有关努力的赞扬。赞扬努力是在给予孩子具体的反馈，认可其在做事时付出的努力。例如：

◇ 我看得出你有多努力！继续保持！

◇ 这不容易，是吧？没关系！你正努力向前，尽己所能！

◇ 我喜欢看到你为这个项目付出努力！它值得你引以为傲！

◇ 你已经为此奋战了一个小时了！好样的。要不要先吃点点心再继续？

◇ 尽管还没完全搞定，但是比起刚开始时已经离目标更近了！我真的看得出，你的决心得到了回报！

◇ 我知道做这么大一件事儿确实要花很多时间，但是最终你会收获强烈的满足感！
◇ 看到你尝试用不同的方法解决问题的样子，让我想起自己面对复杂情况时的所作所为。

> 当孩子因努力得到赞扬时，他们会比我们更早地学会生命中的关键一课：生活中绝大多数值得拥有的东西都因努力而获得。

39

当孩子因努力得到赞扬时，他们会比我们更早地学会生命中的关键一课：生活中绝大多数值得拥有的东西都因努力而获得。如果孩子将必须努力工作视为一件积极而非消极的事，更可能勇敢地寻求挑战，积极地拥抱困难。

🔶 成长型思维模式的赞扬方式之二：赞扬方法（strategy praise）

"赞扬方法"既能让孩子因为被赞扬而"感觉良好"，又能因为有针对性的赞扬而提高反馈的价值。在赞扬孩子的方法和策略时，我们需要向孩子们指出，使用特定的技能和先验知识对于获得成功大有帮助。让我们来看一个适用这种赞扬的情境：

玛丽亚的儿子托马斯从大学回来过期中假期。他已经能很好地应对大学的学术要求和社交生活，但是对自己在哲学课上的表现感到很沮丧。"教授的课令我困惑，而且她好像也不喜欢我交上去

40 的任何作业，"托马斯整顿饭都在哀叹："我原以为哲学是一门有趣的课程，但学习时遇到的却是一次接一次的挫败。我专门去办公室找了教授，还加入了她推荐的学习小组，但愿这能奏效。"

玛丽亚如果只是表示同情，或分享一些她自己大学期间学类似课程的艰辛经历，那就太简单了。事实上，这是一个培养成长型思维模式的绝佳时机，只要她称赞儿子已经为学好这门具有挑战性的课程尝试了很多种不同的策略和方法：

"你去过办公室找教授指导，还参加了一个学习小组，我真是佩服你，"玛丽亚说，"看来你对这门课既有兴趣，也愿意付出努力。做得好！"

当我们赞扬孩子善于运用策略和方法时，我们就在给予孩子反馈和指导的同时，强调他们做出了好的抉择。根据作家和教育家玛雅·威尔逊（Maja Wilson，2012）的观点，将两者结合是很重要的——通过反馈达成了多个重要目的：首先，这能帮助孩子改善最终的成效或成果。其次，这也支持孩子形成一个将自己视为学习者的明智观念。最后，这能帮助孩子建立关于"做好任务意味着什么"的深刻理解（Wilson，2012）。

芝加哥大学和斯坦福大学的研究者开展了一项有趣的联合研究（Gunderson 等，2013）。这项研究对一些家长在孩子 2 到 4 岁时的赞扬方式进行了采样，以探明孩子这个时期在家里听到的不同类型赞扬是否会影响其未来 5 年的表现。有趣的是，在童稚时期因如何应对挑战（而不仅仅是因为聪明或富有才华）而得到赞扬的孩子，在其 7 到 9 岁时，也更倾向于主动选择那些更具挑战性的任务，更会将成功归因于努力的程度，会为了获得提升制定更多策略（Gunderson 等，2013）。

帮助我们记住"赞扬方法"的一个技巧就是转移我们赞扬的关注点。赞扬时,不要强调孩子做事的最终结果,而要强调他或她在过程中采取的步骤。从这个角度看,我们就会"更少注意最终成果——在科学测验中得'A',她进了那个球,'惊艳'的绘画作品——而是关注取得这些成果的过程"(Suissa,2013,p. 3)。称赞孩子所采用的方法是一种有价值的反馈,在帮助孩子们学习和提高的同时,也在培养他们的成长型思维模式。

41

🔶 成长型思维模式的赞扬方式之三: 赞扬毅力(persistence praise)

有时,即便我们投入了大量精力,反复尝试了各种解决方法,也仍然面临着一些需要假以时日才能克服的挑战。通常来说,这些挑战聚焦于新的学习,这时我们的大脑需要建立新的连接,并通过"自我联结"执行不同的任务。在学习的最初阶段,如果一直没能取得进步,会令我们灰心丧气。为了彰显毅力,任务就需要具有充分的挑战度。克里斯汀·狄瑟尔伯(Kristen DiCerbo,2014)研究儿童在与游戏相关的学习任务中所展现出的毅力时发现:"简单的任务无法为孩子提供富有挑战性的学习情境,也无法获得失败体验,因此,并不能激发孩子们在毅力方面的表现。"(p. 20)

学习打字就是一个会引起我们大多数人共鸣的好例子。我们很多人的工作都不允许我们的打字水平仅仅停留在"看一个键、按一个字"的水平上,但要熟练掌握打字技巧,仅仅掌握键盘相关的知识、键盘的工作原理以及下定决心努力练习,是远远不够的。在练习打字的过程中,我们会犯很多错误。在打字机时代,我们学习打字时,如果要纠正错误,需要涂上涂改液,还要使用特殊的逆向击键法——谢天谢地,我们今天只要使用退格键就可以完成了！

打字，就像学骑自行车一样，是一种只有在大量练习后才能实现自动化的技能。反复练习需要时间的累积。如果我们在没有投入足够时间的情况下，就因受挫而放弃，那就无法成为熟谙窍门的打字员。

这就需要成长型思维模式的第三种赞扬方式——表扬毅力。在我们赞扬孩子遇到困难依然坚持不懈时，就是在帮助他们认识到，有些任务需要长时间的努力才能完成。许多孩子在他们解不出难题、做不了前手翻、掌握不了长除法，或投不中篮球时，就很容易气馁。在《教养大震撼：你所知关于孩子的事，大部分是错的！》(*Nurture Shock：Why Everything We Think About Raising Our Children Is Wrong*)这本书中，作者波·布朗森和阿什莉·梅里曼(Po Bronson & Ashley Merryman, 2009)发现，就像老鼠可以通过训练克服失败和挫折，学会在迷宫中寻到食物一样，（人类的）大脑也需要在挑战中习得坚持不懈的品质。

> 在我们赞扬孩子遇到困难依然坚持不懈时，就是在帮助他们认识到，有些任务需要长时间的努力才能完成。

许多技能都要付出大量的时间才能完美掌握，但儿童对时间概念的理解与我们成年人有很大差异。你只要让一个 4 岁的孩子为一件事等 10 分钟，就会明白我们的意思。正因如此，表扬毅力就强化了这样的观念，即有些事情的发展需要时间积累，这是常态。让我们来看看如何正确地运用这种赞扬方式：

安吉拉 10 岁时加入了社区游泳队。教练让她参加了一个 25

米自由泳的比赛,希望她能从短距离、简单的泳姿开始逐渐建立自信。安吉拉很紧张,但她从出发开始就牢牢地戴着泳镜,拼命挥舞四肢向前游。她的父母在泳池的另一边注视着她,当看着她撞上泳道线,并开始挣扎时,感到不知所措。教练也在注视着安吉拉,为她大声鼓劲儿。

安吉拉知道在她刚游到半程时,其他孩子都已经游完了比赛。她的父母看到她四处张望,担心她是否会停下来半途放弃。但安吉拉低下头,尽最大努力游着,一路跌跌撞撞地沿着泳道游着,直到最终抵达终点。

43

"哇喔,安吉拉！游得很好!"教练夸奖安吉拉。"我看得出你在泳道线上遇到了一些麻烦,但你没有被难倒。你没有放弃!"

安吉拉的教练赞扬了她的坚持不懈,既认同了她所遇到的挑战,也强化了她坚持到底的决心。安吉拉将来会参加很多其他的比赛,在比赛中她可能会不小心丢失了护目镜,在转身时失误,甚至尝到垫底的滋味。但通过对她坚持不懈品质的表扬,她的教练能够使她认识到所有这些挑战都是可以克服的。

"暂时还"的力量(The Power of Yet)

目前为止,在我们分享的关于赞扬的例子中,几乎没有人怀疑,我们的赞扬方式对于孩子接下来的决定和行动会有很大的影响力。通过有意识地思考和练习,你就可以在日常的沟通中运用这些成长型思维模式的赞扬方式。值得注意的是,我们认为还有一个从长远看最有用的语言技巧。

我们都曾听过大人对孩子们说:"说出那个神奇的词!"家长想提醒

孩子，当他们要饼干，要玩具，或者想再要一份球甘蓝（好吧，可能不是最后一份）时，要记得说"请"这个词。没有人会觉得让孩子使用和理解"请"这个词是不重要的。不过，当我们要培养孩子的成长型思维模式时，其实也有这样一个"神奇的词"。这个神奇的词就是——暂时还。

"暂时还"是一个充满希望的词，意味着"在未来的某个时刻就会达成"。它对于培养成长型思维模式有着强有力的作用，因为它可以消解"我不行"这种固定型思维的观念。一个孩子现在做不好某件事，并不意味着他永远都做不好。想象一下，如果人们生活在一个充斥了"我不行"的世界里，会有多少事物永远无法被发现，会有多少纪录永远无法打破，会有多少梦想永远无法实现。今天，我们不能取得突破，不能解决问题，或是不能完美地演奏乐器，都是暂时的。只要保持勤勉、付出努力、提高技艺，进步和成功总是可能的。这就是"暂时还"的力量。

> "暂时还"是一个充满希望的词，意味着"在未来的某个时刻就会达成"。它对于培养成长型思维模式有着强有力的作用，因为它可以消解"我不行"这种固定型思维的观念。

或许你可以联想到与下面这个例子类似的场景：

罗莎是一位托育服务人员，她负责照顾四个学龄前儿童，这几个孩子的父母平常都要上班。除了提供互动游戏和健康的饮食，罗莎还要确保孩子们有时间学习识字和算数。三岁的亚历山德拉（Alexandra）正在努力学写自己的名字。"我的名字太长了！"她叫道，"我拼不出！"看到其他三个孩子都完成了写名字的任务，亚历山德拉立马就哭了起来。罗莎试图让亚历山德拉平静下来，并帮助她写完自己的名字，但她心里暗自希望她可以用昵称"艾利克斯"或"艾莉"(Alex or Ali)来代替，这样他们俩都能避免这种再熟悉不过的崩溃。

亚历山德拉能学会写她自己的名字吗？是的，她当然能。这会在一夜之间发生吗？恐怕不会！写名字是一项复杂的任务，需要学习字母的顺序，然后学习如何把它们写出来。就像亚历山德拉无法一跳上自行车就会骑一样，她需要时间来练习如何写自己的名字。她只是到目前为止还做不到。罗莎可以在与亚历山德拉的交谈中使用"暂时还"这个词来强化这种观念。等下次亚历山德拉说"我做不到"或者"我不知道怎么做"的时候，罗莎可以这样回答："也许你目前还做不到，但只要再多练习一下，你就能做到了！"

并非只有学龄前儿童会落入"我不行"的陷阱。我们都会受困于此！说它是个陷阱，是因为它会明显地阻滞我们向目标前进的势头。只要孩子们宣称他们不能做某件事，或者觉得自己不够好，抑或不知道怎么做，他们就可以从未完成的任务中脱身了。他们可以选择退出这项艰苦的工作或放弃做进一步的努力，因为他们已经公开表态说这些事情太有挑战性了。

> 只要孩子们宣称他们不能做某件事，或者觉得自己不够好，抑或不知道怎么做，他们就可以从未完成的任务中脱身了。他们可以选择退出这项艰苦的工作或放弃做进一步的努力，因为他们已经公开表态说这些事情太有挑战性了。

在马里兰州弗雷德里克的莫诺卡西中学，校长布莱恩·威斯昆萨（Brian Vasquenza）和他的教员们做了一件非常简单，但很有影响力的事情——他们在醒目的亮黄色纸上打印了"YET"（暂时还）这几个黑色的大字，并把它挂在了学校的每间教室里。校长和老师们希望以此影响学校的文化：不允许学生们逃避具有挑战性的工作和严格的学习任务。一看到这个词，校园里的学生和成年人就会意识到自己每天都在学习、成长、进步。当一个学生说出"我不行"时，教师只需要指着这个词，学生就会明白。学生们开始用"目前"这个词来互相鼓励。"目前"这个神奇的词汇提醒着每个人：学习新事物是具有挑战性的，没有人能立刻成为专家，只要倾注精力和辛勤努力，成功就会随之而来。

甚至连《芝麻街》也接受了使用"目前"这个神奇词汇的想法，就在第45季歌手詹妮尔·莫奈到访时。当詹妮尔和主角们教会孩子们成功需要时间的积累时，他们高兴得载歌载舞。相关视频请参看 https://youtu.be/XLeUvZvuvA。

践行成长型思维模式的赞扬与反馈

杰克·安德拉卡（Jack Andraka）的履历里有一个令人艳羡的简历：科学家、发明家、癌症研究者和作家，然而更让人震惊的是他才 18 岁，是斯坦福大学的大一新生。杰克的父母，史蒂夫和简，把两个孩子都培养成了独立且富有创造力的思考者。当《华尔街日报》的作家塞斯·史蒂文森（Seth Stevenson，2015）请他们向其他家长分享育儿心得时，简说："不要只是夸你的孩子有多聪明。应该多表扬孩子的努力和坚持。告诉他们失败没有关系，你喜欢他们做事的方式。"

这些深思熟虑的表达对于培养杰克的决心和内驱力至关重要。杰克在对胰腺癌的早期征兆产生兴趣后，他提出了一个简单快速的检测方法，希望能够及早诊断胰腺癌，为医疗干预争取时间。他把项目方案寄送给了 200 位胰腺癌研究领域的教授：

亲爱的某某博士：

　　我是一名就读于北郡高中的学生。我最近在做一个参加科学展的研究项目，即利用纳米管和抗体检测胰腺癌（RIP1 菌株）。在我的项目中，我计划在小鼠体内注射 MUC1 蛋白，诱发小鼠免疫反应，生成抗原和抗体。MUC1 蛋白来自小鼠异种移植的 RIP1菌株，用热酚进行萃取，亦即水萃取法。我的实验流程详见附件。我想知道我是否可以在您的实验室进行 MUC1 生成实验，以进一步生成 PAM4？感谢您花时间看完这封信，您的研究绝对令人赞叹。如果您不方便帮我，可以帮我引荐其他能够提供帮助的人吗？

真诚的，杰克·安德拉卡

（Andraka，2015，p. 116）

杰克在他的求助邮件后附上了一份 30 页的详细项目研究计划。不只你看不懂 MUC1 是什么，我们也完全摸不着头脑。杰克在这领域的专业度和对癌症研究的理解远远超出了我们的认识。即便如此，在接下来的几周里，一封又一封的拒绝信仍然接踵而至。杰克和他父母的思维模式都遭受了严峻的考验。直到第 193 封回信，约翰霍普金斯大学的梅特尔（Anirban Maitra）博士终于答应了杰克的请求，同意让他在自己的实验室中开展研究！他们因此赢得了 2012 年英特尔科学与工程竞赛大奖。未来他们还将继续研制更多类型癌症的快速诊断方法（Andraka，2015）。

　　假如简和史蒂夫夫妇没有以成长型思维模式给予儿子赞扬和反

47

馈,这个故事的结果会不会有所不同呢？杰克还能做到在失望中坚持,一步步接近梦想吗？我们曾有幸见到了杰克。在谈话中,他一有机会就会感谢自己的父母,是他们教会他在挑战中坚定前行。还有谁能比像杰克这样一个有成长型思维模式的人更适合引领下一代的癌症研究呢？

在家里使用成长型思维模式的赞扬和反馈可能并不像你想象的那么容易。这需要父母、监护人,尤其是祖父母不断练习,投入时间,形成成长型思维！表3可以帮助家长用成长型思维模式的表达代替自己习以为常的固定型思维模式的表达。表4可以帮助家长替换掉常用的带有固定型思维模式意味的表达。如果你是读书俱乐部的一员,或是在与另一个朋友一起阅读这本书,你们可以一起讨论每一条陈述,并尽可能多地想出具有成长型思维模式意味的替代性语句。（如果需要,您可以在附录A中看到一些建议性的替换语句。）当你想出带有成长型思维模式意味的语句时,请向自己提出下列问题：

◆ 新的表达是否给出了具体的反馈？

◆ 新的表达关注的是孩子的参与过程,而不是其固有的特质吗？

◆ 新的表达是否强调了努力、勤奋以及克服困难和挑战等品质的价值？

🔶 替换家长的固定型思维模式表达

请阅读体现出固定型思维模式的语句,也就是表4左侧一栏,这可能是作为家长的你常说的话。请在表格右边写下一个以上体现成长型思维模式的表达,来取代左边的说法。第一行是我们提供的范例。

表4　家长的替代性表达　　　　　　　　　　　　　　　　　　*48*

固定型思维模式的语句	成长型思维模式的语句
我是一个糟糕的厨师!	我需要上网找一些视频, 学学这些我还没能掌握的烹饪技巧。
我永远都无法做好这个。	
我天生是个园艺大师。	
我还是把这些事(金融、科技、 烹饪等)留给我的同伴做吧。	
你无法教老狗学会新把戏。	

🔶 替换家长对孩子说的固定型思维模式表达

请阅读体现出固定型思维模式的语句,也就是表5左侧一栏,这可能是作为家长的你常说的话。请在表格中至少写下一个体现出成长型思维模式的表达,来取代左边的说法。第一行是我们提供的范例。

表5　家长面对孩子时的替代性表达　　　　　　　　　　　*49*

固定型思维模式的语句	成长型思维模式的语句
你真聪明!	我看得出你做了许多努力!
你是个"天才"! 你一定知道 怎么做这件事。	
我也不擅长数学。	
我们家族里没有谁擅长的。	

固定型思维模式的语句	成长型思维模式的语句
你真厉害,不怎么需要学习就都搞定了。	
你是我的小画家,你姐姐是我的小作家。	
这对你来说太简单了,试都不用试!	

第四章
为什么有必要让孩子理解大脑是如何运作的？

"当我练习数数的时候，我能感觉到我脑子里的神经元正在
连接！"

——奥莉维亚，5岁

作为教育工作者，在过去几年里，我们花了无数的时间在跟来自不同国家的学生、教师、学校管理者和父母们分享成长型思维模式的强大力量。我们努力帮助这些不同的听众超越课程本身，全面了解思维模式研究及其对特定兴趣领域的影响。教师通常是我们面对的最具挑战性的听众——当然有充分的缘由。他们已经参加过无数的专业学习课程，也见过许多教育趋势有如昙花一现。他们对学到的其中一些知识产生了共鸣，并且对学生的成绩产生了积极影响，而另一些课程对他们日常教学的影响则微乎其微。出于这个原因，他们可能会带着理性的怀疑态度走进我们的专业学习研讨会。他们想知道支持思维模式的"科学"依据是什么？青少年们也经常会有这样的怀疑，尤其是当他们听到大人说"坚持不懈！拥有成长型思维模式！"时。我们很欢迎他们的这些怀疑，也乐于跟他们讨论成长型与固定型思维模式的脑科学依据。我们所有人都有必要去了解，大脑是怎样通过各种连接"生长"的，以及神经可塑性的力量有多大。别担心——这一章不会让你看得满头冒汗。现在，跟我们一起踏上奇妙的旅程，来探索这个身体上最迷人的器官吧。

🔶 神经科学 101

我们的大脑可能貌似是个体积不大的器官，但大脑的尺寸其实是有欺骗性的！人的大脑有两半，称作半球。每个半球都是由脑组织组成的，这些脑组织以复杂的方式折叠在一起。如果把脑组织展开，人脑的每个半球可以延展到一个特大号披萨那么大（Nickel，2014）。这是很大的一个学习空间啊！

> 当神经元之间产生连接时，就形成了一个突触。这些连接可以通过练习和努力得以增强。

从最简单的形式来看，学习是一个在脑细胞之间形成新的连接（称为突触），以及修正已有连接的过程，这些脑细胞被称作神经元。人类平均拥有的神经元数量高达 1 000 亿个（Nickel，2014）。所有的这些神经元都在不停地建立连接，帮助我们处理通过各种感官获取的信息。当神经元之间产生连接时，就形成了一个突触。这些连接可以通过练习和努力得到增强。连接的数量越多，大脑的密度就越高；大脑的密度越高，你就越"聪明"（Ricci，2013）。

让我们把全新的学习经历想象成用一根细线将神经元联结起来的过程。每当我们练习和应用新学到的知识时，那条细线就会变得越来越粗壮，直到知识被我们完全掌握。如今，原本那条孱弱、细小的线已经成为粗壮、牢固的绳索。我们之前学到的知识和经验有助于加强这些连接。在学习过程中，这些连接建立得越多，在大脑中产生的物理变化也就越多，因为神经通路得到了发展与增强。

一条新的神经通路就像第一次走在未经开发的森林中。这条路被走得越多,路上的障碍和阻碍就越少,最终就会成为一条畅通无阻的道路。这条新的路就代表了你对所学概念有了清晰的理解(Ricci, 2013)。当这条路不再被使用(可能是因为一个暑假都没看书)时,连接就会再次变弱、变细。因为这个连接曾经强壮过,所以通过复习和训练可以再次增强。这就是为什么新学年第一周的教学安排总是复习和回顾上一学年的所学知识。

科学曾经告诉我们,随着年龄的增长,我们的脑细胞(神经元)会渐趋减少。其实不是这样的! 这些脑细胞仍然保留在我们体内,只是它们之间的连接可能弱化了。这正说明了,让我们那些年纪较大的家人和朋友同时保持身体上和认知上的活跃,是非常重要的。

神经可塑性

当我们仔细观察"神经可塑性"(neuroplasticity)这个词的时候,我们注意到两个熟悉的术语:神经,意味着大脑;而可塑性,意味着可变的能力(changeability)。神经可塑性描述的就是大脑的灵活性和可变性。当神经元之间产生连接时,当这些连接增强时,或当这些连接减弱时,变化都在发生。在过去的几十年里,科技发展已经能够让科学家和医疗专家们通过特殊成像系统观察到这些神经连接的过程。这些研究人员能够描述人脑的全天候变化——这些变化由学习新知识、专注练习、有意识努力而引发。脑神经科学为我们理解大脑是一个充满活力、具有成长和变化的能力的器官,提供了关键证据!

54

> 神经可塑性是大脑能适应新的做事方式的关键。

让我们快速地看一个关于神经可塑性的例子。想象一下，你回到家里，发现有人整理过你的橱柜。（对于我们中的一些人来说，这可能是一种福报；而对另一些人来说，则是一场噩梦！）当你打开烤面包机上方的橱柜，想找到你的盘子、碗和玻璃杯时，发现的却是麦片、饼干、汤和意大利面。你找了一会之后发现，你的餐具被放在了最靠近洗碗机的柜子里。虽然新的放置是合乎逻辑的，但可能还是会让你觉得不舒服。在接下来的几天里，当你伸手想拿碗的时候，拿到的却是一盒意大利面；你想找麦片，结果看到的却是盘子。回想一下，你曾经在"旧"的厨房布置下完成过多少次操作。这些操作对于你的大脑来说就是大量的练习。与你厨房物件分布相关的神经连接是非常强大的，你的动作甚至大部分时候都是自动化的。在变化发生后，大脑必须建立与新排布相关的新的神经连接，与此同时，需要慢慢地摆脱旧连接带来的强大束缚。但好消息是，即使旧模式已经根深蒂固，大脑仍然有能力学习新的做事方式。是的，你能改变固有的想法和行为！神经可塑性是大脑能适应新的做事方式的关键。在短短几周里，你的大脑很可能就已经适应了新的橱柜布置，不会让你在想拿盘子盛晚饭的时候拿到一盒饼干了。从更大的范围看，大脑的可塑性也可以帮助自身从创伤中恢复过来。当一个人遭受了脑损伤，比如中风，神经的连接经常会被破坏。如果断开连接的那部分大脑从中风中恢复，新的神经连接就可以通过练习和重复得以建立。甚至有过这样的案例，有人在不得已被切除了一侧的大脑半球后，神经可塑性使得另一侧的大脑半球建立起了新的神经连接，以弥补那些失去的连接。

为什么脑科学如此重要呢？因为孩子们需要理解身体中这个最复杂的器官是如何运作的。增强迎接新挑战的动机和意愿，在面对失败时做出更健康的反应等，还只是让孩子们理解大脑运作方式后所能体验到的一小部分益处（Ricci, 2013）。我们希望孩子们能够可视化地意识到，在他们学习新技能时,神经元正在建立连接。我们希望他们能够想象到,在他们坚持完成一项具有挑战性的任务时,他们脑神经的连接就会变得更加健硕。我们希望他们在接受任务的时候,就事先知道自己的大脑能够持续成长,而他们自己也会因此变得越来越"聪明"。对于许多孩子来说,如果能够发挥神经可塑性的力量,就可以成为游戏规则的改变者。

> 增强迎接新挑战的动机和意愿,在面对失败时做出更健康的反应等,还只是让孩子们理解大脑运作方式后所能体验到的一小部分益处(Ricci, 2013)。

🔶 增强动机? 减少挫败感? 现在,开始吧!

卡罗尔·德韦克和斯坦福大学的研究员卡利·切斯涅夫斯基(Kali Trzesniewski),在 2007 年与哥伦比亚大学的丽莎·布莱克维尔(Lisa Blackwell)合作,研究了学生的思维模式是否会在他们青春期的关键过渡期影响其学业成就。他们选择了七年级的数学成绩作为研究关注的测量指标,因为学生在中学里能获得的外界支持会比小学阶段少许多,与此同时,数学概念的复杂程度和抽象程度也在增加。(如果你正好是一位中学生家长,你很可能也能感同身受地分享一些自己在这段时期里经历过的挫折和崩溃!)布莱克维尔、切斯涅夫斯基和德韦克(2007)发现,经过一年的课程学习后,在面对数学学习的挑战时,与持固定型思维模式的学生相比,具有成长型思维模式(经问卷测量所得)的学生有更好的学业成就表现。

56

更有趣的发现是关于我们之前讨论的脑科学的，他们发现孩子们对大脑成长和变化能力（神经可塑性）的关注，会显著影响他们自身的思维模式和最终的动机。

> 如果想要转变孩子的这种想法和态度，一个强有力的方法就是帮助孩子懂得：在我们学习新的、具有挑战性的事物时遇到困难，是再正常不过的事了，这其实是我们大脑中神经连接增强的信号。

我们都知道，父母们遇到的最艰难的情况，就是当孩子沮丧地回到家，抱怨学校的学习有多难的时候。通常情况下，家长并不清楚问题的根源在哪里。随着读书的日子一天天过去，孩子们变得越发焦虑或愤怒，而作为成年人的我们，发现自己仍然不能确定问题的根源是在于老师，还是在于孩子，或者两者兼有。孩子们在学习上遇到困难后，可能会觉得是因为自己"不够聪明"才学不好，并因此渐渐脱离课堂活动，跟别人说自己"讨厌上学"或者"讨厌（填写你选择的科目）"。如果想要转变孩子的这种想法和态度，一个强有力的方法就是帮助孩子懂得：在我们学习新的、具有挑战性的事物时遇到困难，是再正常不过的事了，这其实是我们大脑中神经连接增强的信号。让我们来看一些可以帮助孩子们理解学业困难背后"科学"的实用方法。

57 ◆ 语言的力量

当我们在第三章中谈到表扬和反馈的时候，我们验证了"语言"在传递我们所珍视的信息时，具有怎样的影响力和重要性。语言对于基础脑科学而言，也具有同等的价值。在我们跟孩子们谈论学习和毅力时，如果有意识地多使用一些关键术语，就能传递出以成长型思维为导向的强有力信息。

　　研究表明，幼儿在日常对话中其实很少听到"大脑"（brain）这个词（Corriveau，Pasquini 和 Harris，2005）。你能想到多少个包含了"大脑"这个词的短语？孩子能从大人口中听到的最接近的话就是，"下定决心"或者"戴好头盔，保护好你的脑袋"。即使是在小学的低年级阶段，大多数孩子都只是把大脑当作思考、记忆和喜好的"容器"，并不能真正地理解大脑的基本工作原理，也不知道大脑是有能力发生改变且能变得更强大的（Dalton 和 Bergenn，2007）。让我们来看看一个实际行动：

　　　　想象一下 8 岁的亨利正在做一项有一定挑战度的数学家庭作业。解开这些题需要很多步骤，这让他产生了挫败感，他也因为解不出题目而正在对自己发火。正当他准备扔铅笔的时候，他的哥哥查理走过来坐在了他的边上。

　　　　"哇，亨利，你研究这些题已经有一会儿了。看得出你付出了许多努力。"（他的哥哥对于成长型思维模式的赞扬方式有所了解，对吧？）

　　　　"可答案还是错的！"亨利叫嚷道，"我已经厌倦了所有这些步骤。只要你漏了哪怕一步，整个题就全错了。我讨厌做这个！"

　　　　"亨利，你的大脑现在正在学习新的东西。你犯错误也好，感到挫败也好，都是这个过程的一部分。就像你在练习踢足球的时候，即使累了也要坚持往前跑。每次你这么做了，你的双腿就会变得更强壮。而你每次在努力解题的时候，你的大脑中就会产生新的连接，这些连接会在你思考怎么做的时候变得越来越强壮。现在我们再来一起看看这道题目吧。"

在查理的支持下，亨利开始重新做这道题，他对这次努力解决问题的经历有了新的认识。通过提及他的大脑和正在形成的神经连接，查理把亨利对于数学题的沮丧感与他之前经历过的事情联系起来。就像他在足球训练时一样，如果要练就强壮的肌肉，双腿就会疲劳和酸痛，而他的大脑在学习新东西时也会感到"疲劳和酸痛"。但就像他的腿在训练后变得更强壮一样，他的大脑在经历了挫折之后也变得更强大。从查理的话中他还听到了这样的信息：经历挫折是很正常的，是我们在学习如何克服困难的过程中必经的部分。

当我们参观那些教师会和孩子们分享神经科学的基础知识的教室时，总会收获一种非常美妙的体验。在这些课堂里，孩子们已经知道神经元和大脑有建立新连接、巩固旧连接的能力。当我们参观时，听到了孩子们说出很多有见地又幽默的评论，让我们非常感动——从"我能感觉到我的大脑在成长"到"我已经准备好迎接挑战了，这样我的神经元就可以伸展并连接起来"。我最喜欢的一篇文章来自一个幼儿园小朋友，他已经理解了神经可塑性的概念，但还在与科学术语做斗争："我的'精元'（nerds）（神经元，neurons）正在连接，它让我的大脑变得更聪明！"另外，我们还很开心地听到一个三年级的学生惊呼道："怪不得当我想太多的时候，脑袋就会疼！"

> 只要我们在与孩子的日常对话中多使用这几个简单的词汇，就可以让大脑的作用深入孩子的心。

一位家长最近讲了一个关于她正在上幼儿园的女儿的故事。她女儿在学校里学到，当我们不轻易放弃、不断努力的时候，我们的神经连接就会变强。她还学到，如果我们一直不去使用我们的神经连接，它们就会慢慢

59

减弱。一个星期六的清晨，这个小女孩的父亲醒来，发现她睡在父母卧室的地板上。当他问她为什么不睡在自己房间的床上时，这位"幼儿园小老师"讲出了一长串的理由。她爸爸回答说："你别瞎折腾了！"（You should just give up！）这意味着她这些傻乎乎的理由听起来毫无意义。结果孩子回应道："我不能放弃！如果我这样做了，我的神经元就会停止连接！"

听到孩子们用"大脑""神经元"和"连接"这些词是很令人兴奋的。因为通过讨论大脑和它的功能，孩子们展示了对自己身体某一部位拥有支配权，而不是神秘不可知的。孩子们看不到自己的大脑，所以只能靠别人来告诉他们。但只要我们在与孩子的日常对话中多使用这几个简单的词汇，就可以让大脑的作用深入孩子的心。

要保证孩子能理解大脑是怎样运作的以及当我们学习时大脑是如何成长的，最好的方法之一就是开展日常的交流与互动。表6"聚焦于大脑的反馈"中呈现了一些常见的场景和概念，告诉我们怎样用聚焦大脑的语言给予孩子回应和反馈。

表6　聚焦于大脑的反馈　　　　　　　　　　　　　　　　　　60

场景	聚焦于大脑的反馈
你的孩子在后院打垒球，因为没法击中球而感到沮丧。	"我们都必须练习这些对我们来说既新鲜又有挑战性的技能。每次击球的时候，你大脑中的神经连接都在加强。继续努力吧。"
你那刚学会走路的孩子正在专心地把不同形状的玩具插到对应的位置里。	"你的大脑正在努力工作！干得好！"
你的孩子正在准备明天的科学考试。	"看起来你的大脑得到了不少锻炼。今天晚上你已经形成了大量跟科学有关的神经连接。"
你那上高中的孩子在看到自己要背那么多台词之后，想要退出学校的话剧表演。	"这会让你的大脑得到拓展，相信你是可以做到的。你大脑的记忆能力会得到增强。我会帮你一起练习的。"

续　表

场景	聚焦于大脑的反馈
你的孩子带着作业任务单回到家，同时需要订正家庭作业中的错题。她说："这真是在浪费时间。"	"改正错误可以帮助你成长。用正确的方法练习之后，我们的大脑就能重新建立连接。所以订正错误是很有价值的。"
你那上大学的孩子抱怨生物专业太难了，他说："我还没聪明到可以学这个。"	"在你的大脑适应你的工作之前，你需要给它一个机会，不要轻易放弃。学习的时间每多一个小时，你大脑中的神经连接都会有所增强，并因此加深你对所学内容的理解。"

 神经元和神经连接的可视化

最近有研究估计出，每个人平均有 86 060 000 000 个神经元（Harrigan 和 Commons，2014）！一天有 86 400 秒，如果你一个一个地数你的神经元，你每秒需要数 100 多万个，才能在 24 小时内数完。（这会是一个令你感到头疼的神经元连接的例子！）帮助孩子们理解一个抽象的"东西"，比如一个真正的神经元，是一个具有挑战性的任务，但是我们相信这是帮助他们学习大脑和神经元连接能力的重要环节。

如图 1 所示，神经元最简单的形式是由几个部分组成的。

演示一个神经元最简单的方法就是利用你的手和手臂（见图 2）。来自佐治亚州的著名教育家和作家马西娅·泰特（Marcia Tate）博士，在讲课时与教育工作者们分享了这个将神经元可视化的方法。这种方法也适用于教孩子。你的手掌可以被看作细胞体，手臂是轴突，手指和大拇指就是树突。如果你想和另一个神经元建立连接，记住树突是不能和其他树突连接的——树突只能与轴突相连接。

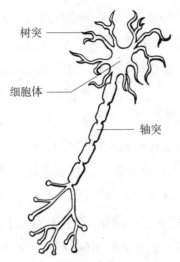

图 1　神经元

图片来源：M. C. RICCI(2015). *READY-TO-USE RESOURCES FOR MINDSETS IN THE CLASSROOM*（p. 91）, WACO, TX: PRUFROCK PRESS.（版权所有：普鲁弗洛克出版社，2015。改编获得许可。）

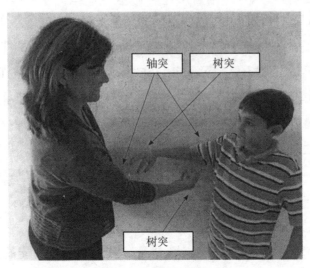

图 2　演示神经连接

62　　　一旦你知道了神经元的三个基本组成部分,你就可以自由地创建神经元之间的连接了。我们见过一些很棒的作品,比如用管道清洁剂做的神经元,用面团或橡皮泥做的神经元,用记号笔画的,甚至是用食物做的神经元。孩子们喜欢创造性地表达他们对神经元外形的理解。而当他们想到自己大脑中神经元的数量如此庞大时,就更有趣了。创建神经元、演示神经元之间的连接有着无限的可能性。

　　其中一个有着强大视觉冲击力的作品是由安吉拉·托马斯(Angela Thomas)创作的,她是马里兰州弗雷德里克县的一名小学阶段的天赋开发教师。在与学生们相处了一学年,教了他们关于神经可塑性的知识之后,安吉拉想要帮助孩子们在暑假里继续巩固他们之前建立和增强的神经连接。因此,她制作了一个简单的大脑工作表,要求学生们用彩色铅

63　笔或蜡笔来记录他们在尝试新事物时以及练习时不断增长的神经连接。最初图上只是一条简单的细线,但随着练习的增多,这条线会变得颜色更深、线条更宽。安吉拉还要求孩子们用一种色调对他们的学习进行"颜色编码",这样他们就可以用不同的颜色来记录不同的新体验。

　　她用了一些对孩子们来说很友好的语言,如"新尝试!"("New")、"试一试,再试试"("try, try again")和"强大"("strong"),把它们做成标签,用来标记不同的"神经连接"。另外,她还制作了一些简单的提示,让孩子们在暑假里贴在冰箱上或者孩子的书桌上,激励孩子们在夏天的时候坚持下去,不断迎接新的挑战。除了大脑的图形之外,孩子们还把他们的活动一项项地列在了大脑工作表的背面。这不仅仅是一个有视觉冲击力的作品,它也是一个值得保存和珍藏的绝佳成长记录——孩子们会喜欢年复一年地回看它。

　　另外一个适用于家长的方法,就是在孩子学习新技能的过程中,与孩子进行有关那些强有力的,但"目前"还没有建立起来的神经连接。如果你看到孩子在苦苦学习一种新的钢琴技巧,你就可以提醒她:她的神

经元才刚刚开始连接——现在还只是一种非常细弱的连接。当她经过联系展现出更明显的成长时,你可以提醒她这些神经连接还在继续加强,但"暂时还"没有完全建立起来。你可以使用图3、图4和图5中的工作表来帮助你完成这件事情。

64

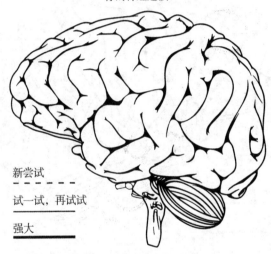

_____的大脑

当你尝试新事物或努力进步时,记录下
你的神经连接

新尝试

试一试,再试试

强大

图3　空白的大脑工作表

有关大脑的书籍和在线资源

当你想更多地了解大脑时,你和你的孩子可能会对下述资源感兴趣。这个列表中包含了很多资源,都是关于大脑及其工作原理的事实类信息——这是有别于其他资源的一个重要特征,因为有些关于大脑的儿童书籍和网站在谈及神经科学的时候已经获得了"创作许可证",为了娱乐已经牺牲了科学的准确性。

65　　　　　　　　　_____康纳_____的大脑

当你尝试新事物或努力进步时，记录下
你的神经连接

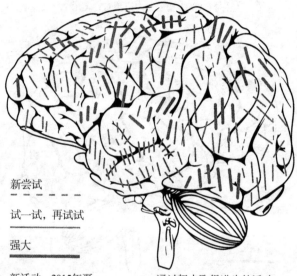

新尝试
- - - - - - - - - -
试一试，再试试
_____
强大

新活动：2015年夏　　　通过努力取得进步的活动：
1. 爬树　　　　　　　　1. 棒球　　　7. 抓沙蟹
2. 在魔术展上当志愿者　2. 钓鱼　　　8. 数学
3. 搭乐高机器人　　　　3. 游泳　　　9. 写作
4. 做酸黄瓜　　　　　　4. 园艺　　　10.问题解决
5. 绘制陶画　　　　　　5. 迷你高尔夫　11.阅读
6. 玩纸牌游戏　　　　　6. 篮球
7. 和爸爸一起跑步

图 4　已完成的大脑工作表

强大但我"暂时还"没有建立起来的神经连接　　　　　　66

图 5　强大但我"暂时还"没有建立起来的神经连接

图片来源：M. C. RICCI（2015）. *READY-TO-USE RESOURCES FOR MINDSETS IN THE CLASSROOM*（p. 97），WACO, TX：PRUFROCK PRESS.（版权所有：普鲁弗洛克出版社，2015。改编获得许可。）

写给孩子们的书　　　　　　67

◆ 《奇妙又灵活的大脑》（*Your Fantastic Elastic Brain*）作者：JoAnn Deak——这本书有丰富的插图，将神经科学介绍得非常有趣和引人入胜。

◆ 《驾驭青春期大脑的用户手册》（*The Owner's Manual for Driving Your Adolescent Brain*）作者：JoAnn Deak 和 Terrence Deak——这本书在尽力解决青少年特有的大脑问题的同时，还保持了有趣的风格，吸引少儿阅读。

◆ 《我第一本关于大脑的书》（*My First Book About the Brain*）作者：Donald M. Silver 和 Patricia J. Wynne——这本书是通过着色的方法学习的，适合 8—12 岁的孩子阅读。

◆ 《如何成为天才》（*How to Be a Genius*）DK 出版社——这本书既全面又引人入胜，还用了精彩的插图来介绍了大脑的运作；我们但愿它可以换个别的书名。

◆ 《脑力游戏：惊人头脑中的惊人科学》(*Brain Games：The Mind-Blowing Science of Your Amazing Brain*) 作者：Jennifer Swanson——这本书是国家地理为儿童专门开发的，充满了有趣的事实证据、游戏和视觉错觉。

◆ 《有趣的神经》(*Neurocomic*) 作者：Matteo Farinella 和 Hana Ros——这是一本由两位神经科学家撰写并配图的漫画小说，深受青少年和成年人喜爱。

网站

◆ 达纳大脑计划联盟 (*Dana Alliance for Brain Initiatives*，http://www.dana.org/BAW/Education)——达纳大脑计划联盟是一个支持大脑研究的私人慈善基金会。这个网站面向孩子和家长汇编了各种资源，包括一本为小学生设计的在线活动书，以及各种照片、信息、大脑益智类的链接等。

◆ 华盛顿大学的儿童神经科学 (http://faculty.washington.edu/chudler/neurok.html)——儿童神经科学网站是与华盛顿大学 (University of Washington) 合作设立的科学教育合作奖的成果。埃里克·查德勒 (Eric Chudler) 博士为孩子们收集了丰富的文章、实验、竞赛和事实证据。此外，查德勒博士还出版了一份干货满满的，面向孩子、老师和家长的电子简报月刊。

◆ 大脑的真相 (BrainFacts，http://www.brainfacts.org)——神经科学学会在助力维护这个网站，这是一个适合青少年和成年人的网站。网站内容包括有关大脑及其功能的信息，还有当今神经科学家及其研究的概况。

第五章
如何发展孩子的毅力和心理弹性？

"我不会放弃。我会一直尝试，因为我最终一定会搞定它。"

——摩根，14岁

    在我们讨论如何发展孩子的毅力和心理弹性之前，先让我们来讨论一下为什么我们应该发展这些重要的技能。我们绝大多数人都没有意识到这样一个问题，一个人一生中的成就大约有75％归功于社会心理技能（有些研究者把它称为非认知技能因素），而仅仅只有25％的成就是归功于与生俱来的智力或智商因素（Olszewski-Kubilius，2013）。社会心理技能是对于所有学生来说，都必须通过培养才能获得的技能。这些技能的培养学习对我们每个人来说都是非常必要的。这些社会心理技能包括但不限于毅力（perseverance）、心理弹性（resiliency）、坚毅（grit）、决心（determination）和坚韧（tenacity）。所有这些技能都必须通过在家庭环境中的有意识模仿和有目的培养来习得。

>
> 我们绝大多数人都没有意识到这样一个问题，一个人一生中的成就大约有75％归功于社会心理技能（有些研究者把它称为非认知技能因素），而仅仅只有25％的成就是归功于与生俱来的智力或智商因素（Olszewski-Kubilius，2013）。

美国教育部的报告（2013 年）——《提升坚毅、坚韧、毅力：在 21 世纪获得成功的决定性因素》（*Promoting Grit，Tenacity and Perseverance：Critical Factors for Success in the 21st Century*）明确指出："要想通过不断地努力达成具有长期性和高层次的目标，并且能够在整个学校教育和未来生活中努力坚持去克服一系列挑战和障碍，这些因素对于培养个人的上述能力而言都是不可或缺的。"（P. v）报告继续阐明，孩子们可以通过感知下述三方面事物来获得培养毅力所需要的资源：

◇ **学术的思维模式**：我们如何塑造作为学习者的自己。如报告所说：

一些令人信服的证据表明，总体来说，思维模式对我们的学术表现有着强大的影响力，尤其是它影响着学生在面临挑战时的行为和表现。有利于发展毅力的一种核心思维模式被称为成长型思维方式。（2013，p. viii）

◇ **努力保持自制力**：我们能够调节自己的注意力，并能在面对长期目标时始终保有驱动力。

◇ **战略和战术**：这是一些使我们在面临挫折时，仍能坚持下去直到问题解决的特殊策略。报告指出，孩子们"需要一些可操作的技能来学会承担责任和掌握主动权，并帮助他们在不确定的环境中取得丰硕成果——例如，明确工作任务、做好行动计划、监督调控、改变行动方针和解决具体的问题（U. S. Department of Education，2013，p. viii）。

71　　为了营造一个成长型思维方式的家庭环境，最基础的一步就是家庭成员应该为培养毅力、心理弹性和坚毅等品质而共同努力，发展必要的技能和策略。支持、强化和模型化这些技能是培养孩子成长式思维方式的有效手段。

　　心理弹性是一种从挫折中恢复的能力。如果我们的孩子没有经常面临挫折的机会,那就很难培养出孩子们的心理弹性。如果我们帮助孩子完成家庭作业,那他们总会成功,我们并没有在帮助他们建立心理弹性。如果一个孩子在学校总是缺乏挑战,从来不需要很努力地学习,那心理弹性的发展就会迟缓。一些缺乏挑战的孩子看似能够毫不费力地在学校中获得成功——然而,当他们第一次不得不艰难前行(有时直到大学才会遇到这种情况)时,他们就会溃败。如果我们总是在孩子失败前就出手相救,那么心理韧性就无法建立。艰难行进不是一件坏事。富有成效的艰难行进有助于建立心理弹性(另一方面,茫然地、漫无目的地盯着一件乐器或一篇论文而不动手去做也不能称之为富有成效的艰难行进)。为了建立心理弹性,我们必须允许我们的孩子体验艰难行进的过程。心理弹性是一种能让他们受益终身的能力。

> 艰难行进不是一件坏事。富有成效的艰难行进有
> 助于建立心理弹性。

什么是坚毅（Grit）?

　　别误会,这不是我们早餐的某种食物,也不是约翰·韦恩电影名称的一部分。坚毅是一种让我们为实现一个长远目标而不懈努力的能力。坚毅就像是加了一些功能饮料的毅力。让我们思考一下——对一个4岁孩子来说,什么是长期目标呢? 对于一些孩子来说,或许是学会扔出或者接住一个球,或许是学会使用剪刀或者搭积木。长期目标因孩子们

的年龄不同而有所差异。当孩子们长大一些，他们的长期目标可能就会聚焦在提高运动技能、挣零花钱、达成某个更高阶的音乐成就等。坚毅意味着随时间的推移始终坚持不懈。

72

> 坚毅是一种让我们为实现一个长远目标而不懈努力的能力。

想知道你自己有多么"坚韧不拔"吗？这里给你提供一个可用的资源：安吉拉·达克沃斯（Angela Duckworth）的坚毅量表。这套坚毅量表中，有由 12 道测试题组成的成人量表，同时也有由 8 道题组成的儿童量表（这个量表还有中文版、法文版和德文版的），可以在这个网站找到：https://sites. sas. upenn. edu/duckworth/pages/research。这个量表能够告诉成年人和孩子自己的"坚韧不拔"程度。如果你或你的孩子只得到了一个很低的"坚毅"分数，那么请在完成了一次不那么成功的任务、表演、项目或目标之后，有意识地付出努力来提高坚持目标的能力。设置一个需要为之奋斗的长期目标。一直想学习弹钢琴吗？或者写博客或写一本书？还是烹饪朱莉娅·查尔德《精通法国烹饪的艺术》里面的每一道菜？当你朝向一个长期目标努力时，记得要坚持不懈地去行动。与你身边那些在一生中展现出毅力和我们所说的坚毅品质的朋友和家人做深入交谈，问问他们是如何坚持不懈地实现目标的。

有时，坚毅并不一定会表现出显见的成效。这取决于所处的情境。有时，为之努力的目标是为了他人（如教师或主管），这些目标对你自己来说并不那么重要或那么有价值，就很可能会引起压力或焦虑。当我们的孩子一天天长大，我们会希望鼓励他们在某件事上做长期的努力，从而历练他们的坚毅品质。这些事情不一定非要是学习上的，也可以是鼓励他们收集一些东西、演奏一种乐器、做社区服务或者其他一些完全不同的事情。

为什么失败很重要？

73

看到孩子们失败，对于我们来说始终是件难以接受的事，尤其是在孩子已经为此付出了诸多努力的情况下。试想一下这样一个场景，当你的孩子为了一次考试，为了写好一篇文章或者是为了练习一项技能而全身心地投入学习，结果，他还是失败了。失败实际上可以成为一种奖赏，之所以这么说，是因为我们从失败中能学到最多的经验。

还记得你的孩子刚开始学习走路时的情景吗？他很可能会一次次地摇晃、绊倒和因失去平衡而摔倒。你知道这些都是他学习走路过程中必经的部分。当然，你可能会准备好一些东西来支撑他的努力——或许握住他的手，确保他穿了适合走路的鞋子，给他设置一个小目标，比如从沙发走到椅子边——但你也坦然接受他的失败。他通过尝试不同的策略、不断地练习和坚持来学习走路。沿途中，他会遇到各种挑战和障碍（一个挡在他行进路上的玩具、一双有点重的新鞋、一个对他来说距离有点远的目标），在一次次的摔倒和一次次的站起来中，他表现出了心理弹性。他展现了成长型思维模式！推荐一本极精彩的绘本：玛拉·弗雷兹写的《迈步向前！各年龄段婴儿指南》。这本书以绝妙的比喻描述了人生中初学许多新事物的状况：你需要寻求帮助，你需要小心摇摆不定的东西，你还需要抓住一个把手并把自己拉起来，最重要的就是找到平衡点，调整呼吸，向前注视着你想去的地方。

迪斯尼电影《拜见鲁滨逊一家》（*Meet the Robinsons*）描绘了一个美妙的场景，刘易斯把花生酱和果冻混合在一起，试图创造一种新零食，但失败了。当他羞愧地用手捂住脸并道歉时，大人们欢呼道："你失败了！

从失败中你学到了很多，而从成功中……就学不到这些啦。"这个可以展示给孩子们的很棒的镜头，也能教会我们如何运用媒介信息充分地向孩子阐释成长型思维。

当孩子们有意识地抓住从错误中学习的机会时，他们会以新的方式或更多的努力设法完成之前未获成功的任务。如果孩子们相信任何消极的结果源自他们天生的感知力或遗传能力，那么在失败之后就不再愿意更努力地做尝试。然后，我们就会听到孩子说与此类似的话，"我不擅长科学"，"我永远也学不会外语"，或者"即使我再试一次也于事无补，还是会得到同样的结果"（Ricci，2013）。

74

> 当孩子们有意识地抓住从错误中学习的机会时，他们会以新的方式或更多的努力设法完成之前未获成功的任务。

安琪拉·佩瑞兹（Angel Perez），是加利福尼亚州匹泽学院（Pitzer College）招生办公室的主任。她面试过很多申请该学院的学生，每次都会问这些未来大学生一个问题："在大学生活中，你最期待什么？"有一次，他听到了一个十分令人吃惊的回答："我期待失败的可能。"这个学生继续说："如你所见，我的父母从来不会让我失败，学习一门要求严格的课程，尝试一项我可能不会成功的活动，所有这些在他们看来都会毁了我被大学录取的机会。"（Perez，2012）那些竭尽所能避免他们的孩子面临失败的父母都是在帮倒忙——他们阻止了孩子在学习过程中发展心理弹性。

学会拥抱失败是一个极大的挑战，然而，如果我们所有人都学过基本的脑科学知识（参见第四章），就能够理解为什么说失败是学习的重要部分。孩子们在理解了神经的可塑性，以及当我们学习时大脑会发生怎样的变化后，就能够更具建设性地面对挫折。他们往往更有内驱力去努力精进，会坚持不懈，直到目标达成(Ricci, 2013)。

有些孩子对学习持有"放马过来"的心态，并且怀揣热情拥抱挑战。这些孩子知道他们或许不会成功，甚至会一而再、再而三地失败，但他们还是甘愿承担风险从而使自己得到历练。而另一些孩子会感到挑战带来的威胁，担心自己不会成功，常常在付出努力之前就放弃。我们需要共同努力在家里营造这样一种氛围：错误和失败是可以被接受的，我们的孩子要学习反思和重新定向，他们能够通过新的方式或付诸更多努力着手解决具有挑战性的任务。

不知你们是否听说过"直升机父母"这个说法？这个术语指的是一些总是"盘旋"（就像直升机一样）在孩子周围的父母。他们会对孩子进行微观管理，同时也尽力减少孩子经历失败的可能性。直升机式的养育不允许孩子独立，因此会减少孩子面对大部分挫折和经历失败的可能性。这怎么能行得通呢？因为从失败中学习，不仅是发展成长型思维模式的重要部分，也有助于帮助孩子做好迎接未来挑战的准备。

曾担任斯坦福大学学监的朱莉·朱莉·莱科特-海姆斯(Julie Lythcott-Haims, 2015)在她的著作《如何养育成年人：跨越过度养育的陷阱，为孩子的成功作准备》中解释道，当我们剥夺了孩子经历挣扎和失败的机会时，我们实际上是在给他们帮倒忙。她写道：

> 剥夺孩子们奋斗和学习坚持的机会，与此同时我们却专注于让他们在所有事情上都成为第一名，然后告诉他们有多棒，这是一个典型的与我们的良好意愿南辕北辙的例子。也许我们并没有意识到"保护"孩子免受跌倒和失败，反而会伤害他们。可是，这的确会伤害孩子。我们需要将成功重新界定为成为一个善良的人，界定为无论结果的输赢都会做出充分努力。我们需要帮助我们的孩子获

得心理弹性，使他们及时在事情没能按他期望的方向发展时，仍能妥善应对（Lythcott-Haims，2015，p. 230）。

> 我们需要共同努力在家里营造这样一种氛围：错误和失败是可以被接受的，我们的孩子要学习反思和重新定向，他们能够通过新的方式或付诸更多努力着手解决具有挑战性的任务。

"失败的馈赠：50 个教学生如何面对失败的小窍门"（Chesser，2013；参见：http://www. opencolleges. edu. au/informed/features/the-gift-of-failure-50-tips-for-teaching-students-how-to-fail），提供了一些教学生如何面对失败的小窍门，这个清单也同样适用于家长。这个清单上的一些亮点包括：

◇ 教会他们承担负责；
◇ 教会他们从头再来（我们可以加上一点：教会他们去评估什么时候应该重新开始，在奋斗的早期阶段就从头再来并不能培养坚毅和心理弹性）；
◇ 培养好奇心；
◇ 允许他们哭泣、发牢骚和抱怨（我们可以加上一点："有时"）；
◇ 教会他们关心；
◇ 强调谦恭。

因错误而创造出来的发明

错误和失败有时会创造出比预期目标更好的作品——这是一个值

得与孩子们分享的观念。"10 个意外的发明"（适合 12 岁及以上的青少年）是一个可以激发一些讨论的视频，你可以在这里找到它：http://www.youtube.com/watch? v = IqArHwtvE9Y。这个视频重点介绍了一些我们日常吃的或用的东西是如何因为错误而创生的，比如：棒冰、特氟龙、紧身衣、青霉素。另外一个可以引发讨论的视频是"5 个意外发明的日常用品"（适合 5 岁及以上的孩子），网址是：https://www.youtube.com/watch? v = w0f0tcqjQP8。

在观看并讨论了这些视频之后，孩子们可以继续探索一些由于失败而发明的其他东西。这些东西包括：

◇ 食物：小麦、糖精、玉米片、薯片、巧克力曲奇、香槟、冰激凌甜筒、香辣玉米薄片、豆腐、芝士泡芙、可口可乐、冰棒

◇ 玩具：橡皮泥、飞盘、培乐多、机灵鬼（一种弹簧玩具）

◇ 日常用品：火柴、微波炉、魔术贴、万能胶、特氟龙、塑料、便利贴

◇ 医学发现：青霉素、起搏器、X 射线

夏洛特·琼斯（Charlotte Jones）的《成功的错误：40 个熟悉的发明以及它们是如何产生的》是一本适合所有年龄孩子的好书。每天学习并讨论一个"成功的错误"，可以持续讨论 40 天，这是一个很好的在日常生活中通过谈话灌输失败价值的途径，可以在家里、汽车里甚至是一顿饭之间展开。

改变孩子对失败的反应

当孩子失败时，他们会把这个视为自身软弱或无能的表现，这实际上会导致更多的失败。他们会开始避免任何可能具有挑战性的事，这样他们就不必面对失败。与此不同，如果我们的孩子把失败和错误作为那些他们需要更加关注的领域的反馈和反省，他们就会拥有一种潜在的信

念——相信自己通过努力、坚持、支持（他们自己寻找的），最终一定能够掌控学习。以下是一些帮助我们的孩子从失败中学习的方法：

◇ 帮助你的孩子对错误和不太成功的情形保有好奇心。提醒你的孩子失败是成功道路上的重要部分。身体力行做孩子的榜样。

◇ 给你的孩子看迈克尔·乔丹为耐克做的一个名叫"失败"的商业广告（网址是：https://www.youtube.com/watch?v=45mMioJ5szc，只有30秒）。和你的孩子讨论一下这个视频的最后一行字意味着什么。

◇ 提供一些对你的孩子来说需要一定的努力才能够完成的拼图和游戏。和孩子一起完成，同时讨论一下为什么奋斗说明你在学习，且你能建立心理弹性。

◇ 模仿和鼓励心理弹性——一种可以从错误和失败中恢复的能力。

◇ 当你和孩子们一起看电视或电影的时候，一起讨论一个没有从自己的错误中有所学习的角色，并问你的孩子如果他（或她）能从自己的错误中学习的话，情况或故事会有怎样的改观（反之亦然）。

◇ 在你分享自己有关成长型思维模式的故事时请尽可能地详细。比如，你可以说："当我在工作中犯了一个错误之后，我的上司给了我一些具有建设性的反馈，我真的很感谢她，因为她给了我一些可尝试的新策略。"

下述清单列出了一些勇敢面对失败、克服逆境、从挫折中学习，并在他们生命的某一时刻展现出成长型思维模式的人：

◇ **艺术家**：史蒂维·旺德、黛米·洛瓦托、埃尔维斯·普雷斯利、珍妮弗·洛佩兹、贝多芬、甲壳虫乐队、文森特·梵高、埃米纳姆、弗雷德·阿斯泰尔、埃德·希兰

78

◇ **商人**：比尔·盖茨、西蒙·考威尔、奥普拉·温弗瑞、本田宗一郎、詹姆士·戴森、玛莎·斯图尔特、罗兰·赫西·梅西、山德士上校、马克·库班、史蒂夫·乔布斯

◇ **作家**：杰克·伦敦、路易莎·梅·奥尔科特、阿加莎·克里斯蒂、约翰·格里森姆、J. K. 罗琳

如果想阅读更多关于从失败中学习的故事，可以考虑下面这些链接：

◇ 《从错误中学习：为什么我们需要让孩子失败》（http：//www. brighthorizons. com/family-resources/e-family-news/2013-the-importance-of-mistakes-helping-children-learn-from-failure/♯ sthash. 3YgWwMIi. dpuf）——这篇文章为父母提供了一些鼓励孩子们冒险和帮助孩子们从他们的错误中学习的好主意。

◇ 《允许你的孩子从失败中学习》（http：//www. thenownews. com/community/allow-your-children-to-learn-from-failure-1. 1386910）——在这个视频中，育儿专栏作家凯茜·琳恩（Kathy Lynn）向我们解释了为什么失败对我们的孩子来说不是一个糟糕的经历。

◇ 《儿童如何从失败中学习》（http：//www. enannysource. com/ blog/index. php/2014/01/22/how-children-learn-from-failure）——这是一篇写给家长和儿童照护者的文章，提供了一系列在孩子面临失败时我们应该怎样做的策略。

79

我们中的许多人都试图给予孩子过度的帮助，不仅在孩子们做家庭作业、创作艺术作品时，还在他们初次尝试烘焙、下象棋、做剪贴书摘时。毕竟，我们希望我们的孩子获得成功，不是吗？我们不仅应该发展孩子的成长型思维模式，还需要帮助孩子变得更加独立和自主。我们不能过快地、过于频繁地插手帮助他们。有时，我们帮助他们的动机，仅仅是因

为我们不想让孩子的表现让我们感到尴尬，尤其是当结果会公之于众时，如拼字比赛、征文比赛、大型游戏或贴纸图表。下一次，当这种诱惑再出现时，深呼吸，向后退，把空间留给你的孩子，他们需要经历尝试、奋斗、创造、解决问题、坚持，是的，有时甚至是失败！

第六章
在学校中如何塑造思维模式？

"我真希望在拿全 A 这件事上不必总是背负那么大压力。这样
的话，即使可能需要冒着得 B 的风险，我也会选更难的课。"

——亚当，16 岁

我们许多人能够很自然地拥抱成长型思维模式，并将其视为自身的
一部分。在固定型思维模式和成长型思维模式这组专业术语出现之前，
一些家长就更看重孩子的努力和毅力，而不是结果。我们中的一些人面
临的难题在于学校传递了与之不同的信息。学校的一些实践和政策并
不善待成长型思维模式。一些班级政策因循着"自己去闯，成败全凭自
己"的观念，并没有把失败视为学习过程的一部分。除了这些实践，一些
教师、辅导员和学校管理者并不认同成长型思维模式看待成功和失败的
观点。另一种情况是，尽管一些学校已经踏上了营造成长型思维模式校
园文化的征途，在学校必须遵循有固定型思维模式倾向的学区协议时，
也会遇到问题。

如果你的孩子有幸在一所教师和学校管理者都致力于创建成长型
思维模式文化的学校就读——那简直太完美了！那么，或许你已经在学
校的家长读书俱乐部中读过这本书了。但如果你的孩子并没有在践行
着成长型思维模式的学校里，你可能会希望学校愿意并能找到一些方
法，把成长型思维模式这一主题引入学校。

成长型思维模式学校的构成要素

在创建成长型思维学习环境时，学校应该确保以下四个重要方面的建设（Ricci，2015）：

◇ 公平地获得高阶学习机会。

◇ 精心培养学生的社会心理技能，如毅力、心理弹性和坚毅。

◇ 让学生理解大脑的神经网络。

◇ 给予学生具有成长型思维的反馈和赞扬。

> 如果给孩子们布置过于容易的任务，几乎无法发展他们的成长型思维模式。

每一所致力于营造成长型思维模式学习环境的学校，都应该将上述要素设定为发展目标。一个安全可靠的学习环境必须植根于这四个要素。"安全和可靠"并不仅仅指物理环境的安全。儿童和成年人必须能够在尝试新事物、接受挑战和面对失败（如果这是通向成功的旅途中的必要部分）时，获得安全感。此外，学习环境既需要充满智力上冒险的机会，又需要提供具有挑战性的、严格的教学和课程。如果给孩子们布置过于容易的任务，几乎无法发展他们的成长型思维模式。对于家长来说，重要的部分是第一个元素，即公平地获得高阶学习机会。作为家长，如果你发现，受教师的低期望或固定型思维模式的影响，你的孩子没能获得具有挑战性的学习机会，这是需要商议的。举例来说，你在读小学的女儿席亚拉，回到家跟你们说，老师不允许她做班级里一些孩子在做的高阶数学题，因为她没有被认定为"有天赋"的孩子（是的，这真的会发生）。高阶数学题可以满足她的需要，让她更努力地学习和充分展现她强大的数学能力。然而，学校制定了一套识别"天赋和天才"的实践方法，用来考察在各个领域高于平均水平的表现。你该做些什么呢？你需要问一些问题，或者是让你明白学校的做法，或者让学校反思自己的做法。你可以从跟老师交谈开始，下面提供了一些开始这段谈话的方法：

◇ 席亚拉告诉我说，她非常喜欢数学强化小组的挑战，您觉得她能在数学提高小组中获得成功吗？为什么能或为什么不能？

◇ 我注意到她能很快地掌握数学概念，而且在解出题目前，她绝不放弃。您也注意到她的这个特点了吗？

◇ 我们同意席亚拉进入数学强化小组，是因为当时这个小组最适合她，那么下一步我们应该怎么做呢？

如果老师建议说，席亚拉需要等到重新筛选"天赋和天赋"儿童时，那么这可不是一个具有成长型思维的选项。这时最重要的事，就是立即满足孩子的学习需求。一个"天赋"测试，只反映了孩子的一时一刻的表现——并不是她要被认定为有天赋，才有资格得到教学上的满足。如果有严格的指南和测试窗口，那么，老师可以询问一下是否可以暂时性地或试验性地把孩子安置到天赋儿童小组。事实上，并没有一个认定"天赋"儿童的国家标准或程序。一个孩子可以一只脚在一个学区，另一只脚则在隔壁的学区，这一步是天才，另一步就不是。要让学校明白，对你来说，"天才"的标签并不重要，你感兴趣的只是在常规的课堂上满足孩子的需求。如果学校正致力于营造成长型思维模式的校园环境，标签并不会妨碍教学分组的需要。

也有一种可能性，就是你家孩子在他（或她）现在所在的小组是正确的，而且老师确实是通过持续的评价和学生观察在为孩子提供学习机会。作为你们这次谈话的成果，老师可能会寻找机会为孩子提供额外的挑战。在有些案例中，也可能是由于教师对孩子的智力有固定的预设 *84*

（固定型思维模式），或者是由于教师没有开展为学生提供针对性学习机会的差异化课堂教学等，学生没能获得高水平的学习体验。对家长而言，这是更具挑战性的情境，因为谈论智力的可塑性和成长型思维模式的概念并不是教师和家长会谈中的典型对话。即便如此，我们仍然可以提供一个样例，您与老师的讨论可以从以下这些对话开始：

◇ 克里斯托弗在面对挑战时会更投入地学习。

◇ 我注意到克里斯托弗在需要批判性思维的任务上做得更好——你也注意到了吗？

◇ 克里斯托弗喜欢挑战。

◇ 我注意到他在面对挑战时会有更强的学习动机。

◇ 如果想获得更高阶的思维任务，克里斯托弗可以做些什么？

如果一个孩子总是处于缺乏挑战的环境中，那些重要的社会心理技能，如心理弹性和坚毅，怎么可能得到发展呢？学生分组和成绩往往导致孩子们形成对自身智力和学习潜力的固化认知。

我们建议从交流你家孩子的学业表现开始，与任课教师开展个别化的讨论。在这里，我们提供一些关于你在和孩子的老师谈话时如何表达的建议：

1. **总是以积极的方式开篇。** 告诉老师你的孩子很喜欢她的课，"贝拉喜欢您的朗读风格，如此生动又引人入胜，而这激发了她的阅读兴趣"。

2. **分享孩子在家里表现最棒的方面。** 包括心理弹性、学习动机、努力或你希望处理好的其他方面之间的关系。展示这些品质是如何改变孩子表现的。尽可能具体、详细地描述这些变化。例如，"我发现当我称赞贝拉做作业时坚持不懈之后，她确实会做得更好"。

3. **分享一些不起作用的方面。** 同样,记住你自己的原则。例如,"我注意到当我评论她做事的最终成果,而不是她获得这个成果的过程或努力时,她不太愿意接受这些建议"。

4. **建立伙伴关系。** 让教师参与到你的行动计划中,将你的信念与他或她的实践(以及你们为了帮助孩子成长的共同最大利益)结合在一起。

尽管上述例子并不是专门用于成长型思维模式和固定型思维模式这两个专业术语的,但它们仍然从理念上阐释了成长型思维模式的基本要素。你无法改变一个人的信念体系;你只能提供一些方法让其他人能够反思自己的信念和期望。一位教师,即使没有成长型思维模式的信念体系,至少可以最低限度地通过使用赞扬性语言对成长型思维模式文化氛围的形成作出一点点的贡献(Ricci, 2013)。

家长需要根据教师和学校管理者的开放程度来衡量分享信息的程度。至少,家长们可以在校长办公室短暂停留,或者给老师或管理人员发一封这样的电子邮件:"我发现了一本非常有趣的有关思维方式和教育的书/文章,您或许也会觉得有趣。"(或许这本书是玛丽·凯丽·里奇的《课堂中的思维模式》,*Mindsets in the Classroom* by Mary Cay Ricci。)然后,家长可以通过电子邮件提供资源或者资源的在线链接。

然而,事情并不总能按计划进行。例如,在一次家长会上,一位母亲向科学老师提到说她的孩子觉得自己在科学上可能不会获得成功,某种程度上是因为她之前在科学课上的负面的经历(之前的老师告诉孩子,她"只是不是学科学的料"。)当然,妈妈分享这些信息是希望得到教师的回应,让老师能够传递给她女儿积极的信息,尽可能地帮助自己的女儿,并且赞扬她付出的所有努力。然而,她并没有得到期望中的那么多,他的反应是,停顿了一下,然后说"哦"。

86

是的，只是"哦"。

妈妈试图让老师参与到一个有关成长型思维模式的讨论中，但这只是一个单向的谈话。随后，妈妈决定自己着手解决这个问题，她不断努力提醒女儿：要有成长型思维模式，要坚持不懈，她的大脑具有可塑性，她可以变得更聪明！这位母亲无数次与女儿谈起有关成长型思维模式的话题，但目前这些谈话完全是围绕科学课展开的。在这段时间里，妈妈意识到一些事情：最重要的是孩子真的需要在学校和家里听到和感受到同样的信息。对于一些孩子来说，仅仅从父母这里听到这些信息是不够的，孩子们需要老师像他们的父母一样相信他们。

我们汲取的另一个教训就是，如果你对一个12岁的孩子不断地重复讲述同一件事，讲到令人作呕的地步，那么，你就会得到"一只手"……这个手势就像在说"停，我已经从你这儿听过上千次了，它毫无帮助"的手势一样。事后看来，妈妈应该再安排一次与老师的会面（带着对思维模式的研究），做最后一次尝试，与老师分享有关智力可塑性的研究，并且希望老师在回应孩子的科学课表现时调整他所传达的（包括对"努力"的赞扬等）信息。

在老师对成长型思维模式或大脑可塑性的研究并不"买账"的情况下，我们所有家长都可以要求他们，至少，向我们的孩子传递珍视努力的信息。即使老师可能并不接受成长型思维模式，仍然要求她把一些可能对她的学生有积极影响的事情落实到位。这绝不是我们的理想状态，仅仅只是为了解决事情的一个不得已的临时方案。

> 具有成长型思维模式的老师会与学生一起努力，引领他们，帮助他们以一种新的方式进行学习，并为他们提供锻炼的时间和空间。

建设性反馈和重做式反馈

　　教育领域最近有一种转变，就是允许许多教育者鼓励学生重做作业和重新接受测评。在支持到位的情况下，这是特别有效的，将帮助学生学会以新的方式学习、实践和应用信息。如果老师真的相信错误作为一种学习策略具有重要作用，学生们也正在尝试从错误中学习，那么学生的第一次尝试就不应该被评分。具有成长型思维模式的老师会和学生们一起努力，引领他们，帮助他们以一种新的方式进行学习，并为他们提供锻炼的时间和空间。如教育作家里克·沃梅利所说（Rick Wormeli, 2011）：

　　　　许多教师辩解说，他们是通过拒绝给予学生重做作业或重新接受测评的机会，来帮助学生建立道德品质，为未来的职场生活做准备；或者如果允许他们重做作业的话，即使学生已经完全掌握了学习内容，也只能给重做部分的学分。另一种与此相似的老师是这样的，他们设置了提交作业的截止日期，然后给那些在截止日期之后才交作业的学生零分。他们认为这个毁灭性的分数会让那些学生学会负责。

　　　　在现实中，这些做法很明显只会带来相反的效果：他们阻碍了学生获得成就和成长。随着希望的消逝，怨恨便会滋生。没有希望（特别是让教师看到他们内在的品德、胜任力和责任，等待脱去不成熟外壳的希望），学生就会脱离学校的使命和照顾他们的成年人。我们的教育事业便迷失了方向（pp. 22 - 26）。

　　你现在可能会想，"然而，我觉得你说过失败的经历对孩子来说不是一件坏事"（第五章），这依然是事实。允许学生重新做作业就是允许学生从他们的错误中学习，最重要的是，学会并掌握所教授的内容。

88 ◈ **但是我的孩子是个数学天才!**

作为教授兼作家的乔·博勒(Jo Boaler's)，在他的著作《数学思维：通过创造性的数学、鼓舞人心的信息和创新的教学释放学生的潜力》(*Mathematical Mindsets*：*Unleashing Students' Potential Through Creative Math*，*Inspiring Messages*，*and Innovative Teaching*，2015)(这是一本我们会推荐给所有其职业为数学老师的家长读的书)中，描述了"数学天才儿童的神话"。研究者们发现，即使我们的大脑生来就是有差异的，但这些差异会被我们生活中的机会和经历所压制。

博勒(Boaler，2015)指出问题可能源于"一种普遍流行的想法，即'数学人'是一些毫不费力就能取得成就的人，因为他们生而不同"(p. 94)。她继续说道，"再加上对于那些'天生'就擅长数学的人的刻板印象，我们开始逐渐理解我们所面临的这个问题的本质了"(p. 94)。她解释说，问题在于数学的不平等。关于谁擅长数学或谁不擅长数学，我们往往有一种的刻板印象。这是一种固定型思维模式，相信存在"数学人"或"非数学人"是一种长期存在固定型思维模式的想法。

89 ◈ **奖励大会**

奖励计划和集会为那些达到特定表现水平的孩子赢得了荣誉，但很少考虑其中一些获奖者只付出了一点努力就达到了要求，而另一些人尽管付出了巨大的努力，最终还是错失了获奖的机会。科罗拉多州的一位教育工作者解释道，在她的学校，每个季度都会举行一次荣誉榜大会，而坐在最后两排的总是同一批孩子，他们从未得到认可。这个荣誉榜大会的意义何在？如果答案是为了认可好成绩，那我们就可以驳斥说"奖励"就等于分数。同样重要的观点是，有些我们给出的 A，学生并没有付出全身心的努力（这些学生没有经受挑战）。如果答案是为了激励他人，那么请注意：是不是每次都有同一批孩子没有得到认可？荣誉榜真的能激励其他人吗？这类活动应该将目的转变为庆祝成长和勤奋，而不是成绩。

🔷 家长委员会

本校的家校委员会也可以参与思维模式信息的传播。在一些学校，家长委员会的代表会被邀请参加一些关涉学校发展规划的会议。这些会议或许是把成长型思维模式设置为学校发展重要内容的理想时机。在学校成立一个有关思维模式的委员会，邀请其他家长和老师加入委员会。在委员会成立后，议事日程中可以包括以下事项：

◇ 面向家长社群开展思维模式的教育活动；
◇ 成立读书俱乐部；
◇ 游戏之夜——这是一个让成年人和孩子锻炼毅力和心理弹性的绝佳机会；
◇ 作为学校网站中开设宣传思维模式的网页。

在《随时可用的课堂思维模式的资源》（Ricci，2015）一书中，你可以 *90* 发现思维模式的家长网页的样例，以及时事通讯的例子。作为一个家长团体，你可能希望每隔几周就向家长们传递成长型思维模式的目标。可能是一些类似于表 7 的内容：营造一个成长型思维模式的家庭环境，这其中包含了许多在本书中已经谈及的观点。这些资源被分解成了七个部分，这样更便于你为自己设定成长型思维模式的目标，或者与家长群体分享。

家长委员会也可以通过提供基金、书籍或推理性游戏等方式，支持学校的思维模式建设。对于发展成长型思维模式而言，非语言性的推理游戏是一个美妙的工具。事实上，我们向家庭推荐这些游戏——其中许多都是小型的，适合放在汽车的小储物箱里。当孩子们在等待一次会面的时候，或者在因为你要和他人见面，而需要让孩子有事可做的时候，可以在你的包里放一些小游戏。需要调动推理和问题解决能力的游戏有助于思维模式的转变，尤其难度会不断升级的游戏，效果更加明显。随着游戏的水平越来越具有挑战性，孩子们也在推理的过程中发展了他们的毅力。《课堂里的思维模式》(2013)中的一项研究表明，伴有成长型思维模式学习的个体推理游戏增强了孩子们的学习动机。我们喜欢的游戏在 Thinkfun(http://www. thinkfun. com)中可以找到：形状测量(ShapeOmetry)、巧克力迷阵(Chocolate Fix)、垒砖块(Brick by Brick)、塞车时刻(Rush Hour)、小塞车时刻(Rush Hour Jr)。

91 **表7　创造一个成长型思维模式的家庭环境**

<table>
<tr><td colspan="1" align="center">**关于创造一个成长型思维模式的家庭环境的想法**</td></tr>
<tr><td align="center">**创造一个成长型思维模式的家庭环境　第一部分：**
父母自身努力树立成长型思维模式</td></tr>
<tr><td>

■ 如果我们自己没有成长型思维模式，我们怎么能期望我们的孩子拥有成长型思维模式呢？首先要识别自己的固定型思维，再说服自己努力向成长型思维模式转变。你可以大声地说出来，这样你的孩子就能清楚地知道你是如何改变自己的思维方式的。例如，你可能发现自己说"我不知道怎么填写这份文件"，这时就要快速重新表述并补充道："我想我应该先上网查一下，或者打电话向银行咨询几个问题。这样我就能准确填写啦。"

■ 警惕你自己的固定型思维模式表述，如"我是一个糟糕的厨师"，"我从来不擅长数学"或"真希望我也能像你一样，把钢琴弹得这么好"(你当然能，只需要通过坚持不懈的练习！)。

■ 警惕因为任何事怪罪基因——无论是积极的，还是消极的。

■ 在把你的孩子同你兄弟姐妹的孩子或者其他孩子比较时，务必要小心谨慎。

■ 我们希望孩子享受学习的过程——而不仅仅是成功。在家中树立这样的榜样。例如，在尝试更具有挑战性的烘焙后，得到的结果并不尽如人意，你应该说"我真的学到了很多做饼干的方法"，而不是说"唉，真是浪费时间，这简直是史诗般的失败，我再也不会尝试这个食谱了"。

</td></tr>
</table>

创造一个成长型思维模式的家庭环境　第二部分:
运用成长型思维模式的赞扬和反馈

■ 赞扬孩子所做的事,而不是赞美他(或她)是谁。要对孩子说,"我看得出你真的很勤奋/付出了很多努力/非常努力地尝试",而不是说"你真聪明/机灵/才华横溢"。当你看到孩子面临挣扎和挑战时,赞扬她们的毅力和心理弹性。避免赞扬孩子的成绩。注重表扬孩子在工作中表现出的品德和努力,而不是取得的成就。 *92*

■ 把"暂时还"(yet)这个词加到你的词汇表中。如果你的孩子说他不懂一些东西、不会运球或者不会用他的吉他弹歌曲的时候,请提醒他,他"目前"不能,但是通过努力练习就一定会成功。

■ 避免拿你的孩子与你兄弟姐妹或朋友的孩子做比较——成就并不是一场竞赛。每个人都能取得充分的成功。

创造一个成长型思维模式的家庭环境　第三部分:
转变固定型思维模式

■ 改变你孩子的固定型思维模式表达。如果你听到孩子说"我不擅长数学"或"我就是不能很好地理解莎士比亚",要向她指出这是固定型思维,并引导她转向成长型思维模式。提醒她可能她"目前"不太理解,但是通过问问题、寻找新的策略、设定小目标以及付出很多努力,就会理解的。下面是如何转变表述的两个例子:

如果孩子说	然后你应该说
"我不擅长数学。"	"你可能目前还不理解这些,让我们再多练习几次吧。"
"我不需要学习,我总是能在数学考试中取得好成绩。"	"学习可以帮助大脑为未来的成长做好准备。也许你应该让你的老师知道这些考试对你来说不需要太多的练习,你愿意接受更大的挑战。"

创造一个成长型思维模式的家庭环境　第四部分:
奋斗 *93*

■ 帮助你的孩子对错误和失败产生好奇心。提醒孩子失败在成功的道路上很重要。做孩子的榜样!

■ 给你的孩子看迈克尔·乔丹的一个关于失败的商业广告(网址是: https://www.youtube.com/watch?v=45mMioJ5szc,只有30秒)。与孩子讨论视频最后一行字的意义。

■ 提供一些对你的孩子来说需要一定的努力才能够完成的拼图和游戏。和孩子一起完成,并讨论为什么困境意味着你们正在学习,同时可以塑造你们的心理弹性。

■ 示范和鼓励心理弹性——这是一种可以从错误和失败中恢复的能力。

续　表

创造一个成长型思维模式的家庭环境　第五部分：
灵活性和乐观精神

■ 成为灵活性的楷模。与孩子交流变化是生活的重要组成部分。为孩子示范在事情没有按计划进行的情况下，要以灵活的心态应对。不要让沮丧的情绪占了上风——让你的孩子认识到你有能力适应计划中的变数。当计划改变或成功没有如期而至时，赞扬孩子的灵活性和适应性。

■ 成为乐观精神的楷模。养成"杯子半满，而非半空"的心态。一个心怀希望且乐观积极的人会相信任何事情都有积极的一面。

■ 和你的孩子玩一个游戏：当一些被认为是"坏"的事情发生时，尝试在其中寻找"好"的方面。这个游戏可能有点傻，但是它却传达了一个积极的信息。例如，当一个杯子被打碎时，一个可行的积极的反应是："现在架子上有更多空间啦！"

94

创造一个成长型思维模式的家庭环境　第六部分：
学习和大脑

■ 谈论神经网络。问问你的孩子他（或她）在学校学到了哪些有关大脑的知识。

■ 无论何时，当你听到你的孩子说"我放弃了"或"我无论如何都学不会"时，提醒孩子在每次学习新知识时，想象神经元正在连接。鼓励孩子勤奋学习并实践新的技能和概念，这样他就能在大脑中形成强大的神经连接。

■ 和孩子分享一些目前你还没有掌握，但打算通过反复练习在大脑中建立更强连接的事情。

创造一个成长型思维模式的家庭环境　第七部分：
开发重要的社会心理技能

■ 一个孩子与生俱来的能力，对其成就的贡献率仅为 25％，其余的 75％归功于那些需要有意识培养的社会心理技能。
我们可以帮助孩子开发的重要技能包括：
毅力
自信心
心理弹性
应对失望和失败的能力
接受建设性反馈的能力

■ 选择一些突出强调我们前面述及的这些能力的书，与年轻学生一起阅读。并与孩子一起讨论。

95 ■ 当你和你的孩子一起看电视或电影的时候，讨论一个角色是否具有毅力和心理弹性。问问孩子，如果这个角色有或没有这些技能，故事的发展会有什么不同。

■ 用一些词汇为这些社会心理技能命名，在家里使用代表这些技能的短语。例如，你可以说，"我的上司给了我一些建设性的反馈，告诉我怎样才能把我的工作做得更好。我真的很感激，因为她给了我一些新的东西让我去尝试"，或者"我今天看到你（爬树、玩电子游戏、搞定了那个新手机等），你真的表现出了很好的决心和毅力"。

资料来源：M. C. RICCI（2015）. *READY-TO-USE RESOURCES FOR MINDSETS IN THE CLASSROOM*（P.91），WACO, TX: PRUFROCK PRESS.（版权所有：普鲁弗洛克出版社，2015。获得许可后使用。）

有特殊需要的孩子

你可能是一个有特殊需要的孩子的父母,想知道成长型和固定型思维模式的观点是否适用于你。当然适用！讨论成长型思维模式对一个有着独特的生理、情感或学习挑战的孩子的重要作用的最好方式,或许就是学习一个非常特别的年轻人的故事。

特洛伊·贝西(Troy Baisey)是个早产儿,而且患有脑瘫和学习障碍。当他还是一个小男孩的时候,因为健康问题而不得不接受治疗,他接受的药物治疗最终导致了听力的严重受损。在他的童年早期,他面临着一系列诸如走路、交流、说话、听力和学习手语的挑战。作为一名接受特殊教育的学生,尽管有一名全职助教,特洛伊的学校生活仍然有许多需要适应和改变。特洛伊现在 22 岁了,在当地的社区大学学习一些课程,有自己的工作,还在做社区志愿服务。由于自己患有听力损伤,特洛伊对帮助聋人和听力严重受损的人特别感兴趣,并且正在考美国手语证书。对其他面临挑战的人来说,他是一个鼓舞人心的榜样,因为他的成功是勤奋、坚持不懈、强有力的家庭支持以及成长型思维模式的结果。

特洛伊的成长和独立源于这样一个事实,即他和他的家人在这一路上设置了渐进式的目标。他还有未来的目标。他正在努力获得聋人学 96 校的一份全职工作,他的长期目标是成为天主教堂的永久执事。特洛伊的生活是成长型思维模式的一个完美例子,我们采访了特洛伊和他的母亲米歇尔·贝西,希望更全面地了解特洛伊克服挑战的办法。

我们问特洛伊,他会给其他有残疾的孩子什么建议。他说:"尽你最大的努力,学会表达自己的主张,在需要的时候寻求支持,以及不要放弃。"在特洛伊完成他的公立学校教育时,面对马里兰州弗雷德里克县公立学校教育委员会,分享了以下内容:

我接受我有特殊需要这件事情，并竭尽所能。即使在生活艰难、令人沮丧的时候，我始终保持积极乐观，相信自己。我从未放弃过自己，并度过了艰难时期，我为自己今天的生活感到自豪。

> 尽你最大的努力，学会表达自己的主张，在需要的时候寻求支持，不要放弃。——特洛伊·贝西

特洛伊的母亲米歇尔也跟我们分享说，在培养特洛伊的时候，有一个来自周围的支持系统是非常重要的，她学会了在始终牢记长期目标的同时，平衡和识别哪些是特洛伊的即时需要。米歇尔学会了超前思考，并且知道只要努力和坚持，特洛伊就能实现他的目标。米歇尔还意识到，可能特洛伊必须以不同的方式学习。特洛伊和米歇尔都不会把困难看做拦路石，而是看做一次学习的机会。当特洛伊开始在当地社区大学学习时，米歇尔支持特洛伊学习使用公共交通工具，这样他就可以变得更加独立。米歇尔认为像这样的新学习并不是一个阻碍，而是一个需要跨越的障碍。特洛伊也学会了表达自己的主张，以便让人们知道他什么时候需要帮助，而什么时候不需要帮助。他解释说他会要求人们以不同的方式去重复、复述或者解释以便他能理解。

特洛伊和他的妈妈都具有成长型思维模式，特洛伊在他的生活中完美地展现了心理弹性。从特洛伊的故事中，我们学到了哪些关于养育有特殊需要孩子的经验呢？

◇ 和你的孩子一起设定目标——包括短期的和长期的目标。
◇ 有意识地培养诸如毅力、心理弹性、从困难和失败中学习等的能力，确保你的孩子知道这些技能是多么有价值。

◇ 给你的孩子提供一些能够让其为他（或她）自己提出主张的工具。

◇ 确保所提供的支持是恰当的——过多的支持和过少的支持一样有害。

◇ 保持积极、乐观的态度。

◇ 当你需要帮助的时候，请寻求帮助！这同时适用于家长和孩子——找到你可获得的资源，并尽可能地学习如何利用它们。

大学

高中毕业典礼结束了，上大学的行囊已经准备好了，你的孩子准备开启人生的另一段旅程。你以为你对成长型思维模式的提醒会就此结束吗？再想想。当你的孩子开始大学生活，无论他们是到很远的地方求学还是就在当地读大学，他们都需要掌握一些在课堂外才能学会的新技能：时间管理、自我维护、学会对自己负责，这里仅列举几例。当第一篇论文或研究报告到了截稿日期，你可能会收到信息或电话，问你是否能通读一遍或者做最后的编辑。这时棘手的工作是你要让孩子知道你一直在那里支持他们，同时，也要让他们从潜在的错误中吸取教训。

一些大学生变得不再那么害怕接受智力上的冒险和犯错误了。一个大一新生解释说，高中的时候她总是很担心她的平均绩点（GPA），因为在高中她会不断接收到信息（或许是唠叨）：不断提高你的成绩，这样她才能进入大学。一旦步入大学，她就不再那么关心分数，而是更多地关注真实的学习了，因为她不再担心大学录取问题。然而，情况并非总是如此。

莫妮克是一名大学生，非常想参加学校组织的一个为期一学期的海外交流项目，但是在咨询了一些之前在国外学习过的学生之后，她了解

98

到这个项目给成绩时非常严格。她决定不参加了，因为她不想牺牲她的平均绩点。这种固定型思维模式使莫妮克失去了拥有一个丰富且难忘的学习经历的机会。她太过于关注潜在的成绩，而没有充分关注海外学习的经历。

> 很多时候，孩子们带着这样一种感觉进入大学，即认为他们感兴趣或热爱的学习领域的课程，对他们来说轻而易举。结果发现，他们梦想的课程并不像他们预期的那样容易。在持固定型思维模式的学生看来，不得不比同学更努力地学习或者在一门自己"被认为很擅长"的课程中得到一个糟糕的分数，都是学习内容超出了能力范围的标志。

　　同样重要的是，大学生应该记住，必须努力学习、面对具有挑战性的作业和任务是学习经历的重要部分，而不是无能，或者选错专业的标志。很多时候，孩子们带着这样一种感觉进入大学，即认为他们感兴趣或热爱的学习领域的课程，对他们来说轻而易举。结果发现，他们梦想的课程并不像他们预期的那样容易。在持固定型思维模式的学生看来，不得不比同学更努力地学习或者在一门自己"被认为很擅长"的课程中得到一个糟糕的分数，都是学习内容超出了能力范围的标志。这种固定型思维模式会促使一个大学生过早地改变他（或她）的课程学习方式。鼓励上大学的孩子花一些时间和学院的导师、其他的学术或者住宿顾问讨论他们的课程和期望是很有帮助的做法。当他们需要寻求额外帮助或想与其他勤奋的学生建立联系时，校园中的导师、资源中心或学习团体可以提供帮助。

对于成绩最好的那部分学生而言——少数毫不费力就能轻轻松松在小学、初中、高中取得好成绩的学生——大学阶段，有时是他们第一次真正面对困境的时候。如果一个学生从来没有面临过学术困境，那么他永远也无法建立在学术方面的心理弹性。如果你的孩子在学校的时候从来没有面临过困境，也许是因为他总是处于低挑战度的环境中。我们曾听一些父母说起，他们的孩子总是能取得很高的学业成就，但是从来不需要很努力地学习——确有其事，但那是在进入大学前。

一位母亲描述说，当她的女儿得到人生中的第一个 B 时，她接到了女儿哭泣着打来的电话。在安慰了女儿之后，这个特别的母亲利用这次机会反思了她和她的丈夫的育儿方式，他们自女儿很小的时候就告诉她：“我们希望你是一个 A 等生。”事实上，当女儿的父亲被问及孩子在大学中表现如何时，他的回答是：“等看到她的第一学期成绩，就会知道。”哇！果然，过分强调成绩会使我们使固定型思维模式长期存在，并最终培养出规避风险的成年人。

如果你意识到自己也存在相似的状况，那么，现在调整你对自己在读大学的孩子的反馈还不算太晚。只需要牢牢记住去关注你的孩子在大学中努力落实时间管理、图书馆使用、参与学习小组、自我维护、寻求额外帮助和付出努力的过程和策略。

成绩从来都不应该成为谈话的开场白。谈论成绩会向年轻的成年人传达哪些信息呢？或许是这样一些信息：“哇，爸爸只关心我的成绩”或“我真希望妈妈可以问一下我是怎样适应学校生活的，而不是只关心我的成绩”。一位与父母讨论了大学第一学期生活的年轻人，与我们分享了以下内容：

100

对于我父母来说，重要的是我能在院长的优秀学生名单中榜上有名。因为这样他们就可以告诉他们所有的朋友，并把这则消息刊登在当地的报纸上。这事关他们的颜面。他们希望让人们觉得他们有一个完美的孩子。而这对于我来说是难以承受的压力！我希望他们允许我犯些错误，并能从过程中学习。

从成长型思维模式的视角看待大学生活，会帮助大学生更具心理弹性，并为迎接研究生阶段学习或进入职场后的挑战作好准备。

从幼儿园到学龄前，家长们都致力于培养健康快乐的孩子。总体来说，具有成长型思维模式的孩子对生活更具乐观精神，在遇到困难时也不会一蹶不振。有时学校会以带有固定型思维的学生反馈、政策和实践，消解你制定的成长型思维模式的目标。我们不能过度关注那些我们无法掌控的事情，如遇到一个持固定型思维的教练或教师。专注于你在家里和家庭成员间能做的事情，即培养具有成长型思维模式的个体，这样当他们在行进的路上面对固定型思维时，就会有迎难而上的韧劲。

> 从成长型思维模式的视角看待大学生活，会帮助大学生更具心理弹性，并为迎接研究生阶段学习或进入职场后的挑战作好准备。

第七章
如何在运动和艺术中培养孩子的成长型思维？

"胜利当然很棒！但是失败其实也没关系，只要我们能从中学习，并在下次有所进步！"

——普里扬卡（Priyanka），12 岁

对于许多家庭来说，他们的周六上午在球场上或者舞蹈室中度过，而不是坐在电视机前看动画片。孩子们的关键技能和终身兴趣是在参与体育运动和艺术活动的过程中得到发展的。正因为如此，我们很有必要去思考成长型思维模式该如何应用于除了学业领域以外的其他有价值的活动中。

家长在培育和养成孩子的成长型思维模式倾向方面起着举足轻重的作用。虽然说大多数时候，家长只是观察者和支持者，但有时父母也需要承担起指导自己的孩子和其他孩子的任务。无论是作为一个随意的观察者，热情的拉拉队长，还是经验丰富的教练，家长在通过体育和艺术活动开发孩子的成长型思维模式的过程中，都扮演着重要的角色。

🔷 天赋，刻意练习，还是兼而有之？

想必你听说过有关先天论和后天论之间的种种争论。"你是谁"究竟在多大程度上取决于遗传，又在多大程度上取决于环境和教育的影响

呢？当我们谈及一个人在体育或者艺术方面所取得的成功的时候，很容易陷于这种争论：到底是与生俱来的天赋让一个人有所成就，还是后天的努力和练习使然呢？基于我们对大脑如何学习以及建立新的神经连接的认知（见第四章），不难发现要想在体育和艺术方面取得卓越成就，是离不开学习和不断成长的。有一项 1992 年在英国开展的研究，研究者们试图寻找到先天的音乐天才。研究者通过分析 257 名学习音乐的学生的背景信息，确认只有一项重要的音乐才能可以将那些在音乐上有着非凡表现的学生与其他学生区分开来，这项才能就是：这些学生在很小的时候就能够将自己听到的旋律重复出来。那么，这项才能是不是"音乐天赋"的标志呢？可能是的，但是研究者们的进一步研究发现，这些学生很小的时候，他们的父母都会唱歌给他们听，而正是因为早早地被浸润在不同旋律的音乐环境中，使得他们具备了辨识和重复旋律的能力。最重要的是这项研究发现，存在一个区分杰出音乐家和其他音乐家的影响因素。这个影响因素是什么呢？练习！正是那些最肯花时间持续地、专注地进行练习的学生，能够不断提升自己，在自己的音乐领域里达到顶尖水平（Aiello Sloboda，1994）。

下面我们通过一些案例来了解一下体育和艺术领域的"天才"，以及在他们的童年生活中，思维模式（mindsets）是如何发挥作用的：

六岁的阿基尔（Akhil）经常蜷缩在自己家的沙发上，手上拿着画板和铅笔，画着自己想象世界中的生动的人物和精妙的场景。他的爸爸妈妈注意到他在很小的时候就对艺术十分着迷。他会尝试用蜡笔将报纸上的连环画临摹在画板上，会被电视上教成年人画画的节目深深吸引。虽然阿基尔的父母很清楚地知道他喜欢艺术，但是他们还是会怀疑他是否真的具备先天的艺术能力，毕竟据他们所知家族中没有人成为艺术家，也没有人表达过有共同的兴趣。

103

阿基尔的邻居，十二岁的达米安（Damian）也有爱好，不过，他的爱好是篮球。达米安还在学走路的时候就和他爸爸一起看电视上的大学篮球球赛，慢慢地，他对篮球越来越感兴趣。达米安刚开始是在路边的简易篮球架上练习，很快就可以在放学后和周末与高中生一起在标准球场打球了。他参加了当地的业余联赛，并且告诉爸爸，自己已经迫不及待地想在将来就读的高中打球了，这所高中的课程以竞争激烈著称。达米安的目标是在大学期间参加Ⅰ级篮球赛。这是一个极高的目标，也是一个令他的爸爸担心的目标。他自己在高中和大学期间参加戏剧表演和辩论赛，在体育运动方面，他更喜欢做观众，而不是运动员。当他在马路边的篮球场打球时，他的爸爸会陪他一起玩，但他没有真正陪着自己的儿子打过篮球。即使是玩"HORSE"游戏（一种模仿投篮游戏）也会让父子俩都感到受挫，因为显然达米安需要更好的竞技环境。像阿基尔的父母一样，达米安的爸爸也担心自己的儿子会被遗传基因所拖累，而且他在为儿子提供示范和指导方面越来越力不从心。

我们要与有类似想法的家长分享一个好消息。帮助孩子在艺术、体育或学术上取得成功的秘诀并非任何源自父母的先天禀赋。正如澳大利亚音乐家米米亚·玛吉奥塔（Mimia Margiotta，2011）所概括的那样，在乐器学习方面取得成功的孩子们并不必然是因为他们的父母有音乐才能；事实上，绝大多数家长给他们的只是支持和鼓励，而不是专业和技术层面的知识。

赫尔辛基大学的乔伊·蔡（Joey Chua，2015）开展了一项以入选国家级舞蹈团——芬兰国家歌剧芭蕾舞学校和新加坡舞蹈剧院——的16—22岁舞者为研究对象，为期两年的研究。该研究的目的在于找出在他们成长的过程中，哪些类型的支持对这些年轻人的舞蹈成就有着最显

104

著的影响。通过一系列对舞者、他们的父母以及老师的大范围访谈，蔡发现了一些对父母来说有重要借鉴意义的影响因素。不少舞者建议，家长应该关注"更多的努力和练习"，"坚定决心"，而不是依赖先天的能力（Chua，2015，p. 184）；一位家长说，"不能仗着自己天赋异禀就逃避应有的练习"（Chua，2015，p. 184）；舞者们还强调了"持续改进"，以及"高质量的批评和反馈对于提高技术"的重要性，但也同时发现，这些主要来自教师而不是家长的指导（Chua，2015，p. 186）。

蔡（2015）在指出影响这些舞者发展的最重要因素时写道："成年人都应该保持成长型思维模式……给学生留下深刻印象的是，除了舞蹈能力具有可塑性以外，坚持不懈的努力对于舞蹈能力发展同样至关重要。"（p. 188）

> 帮助孩子在艺术、体育或学术上取得成功的秘诀并非任何源自父母的先天禀赋。

有时，我们在孩子们参加艺术或体育活动时所给予的支持和称赞，从实际效果上看，其实是破坏了他们的成长。一些家长觉得自己的孩子就是队伍中最耀眼的明星，"与生俱来"的天才，或神童，还会经常跟自己的朋友、亲戚甚至是教练这么说。当孩子们听到类似的话时，就会内化父母的期望。尽管父母这么表达是出于好意，但其实是一种固定型思维。父母对孩子能力的先入为主的想法，往往会影响他（或她）的学习进度，而这些固化的想法会"影响孩子的学习进程，会让孩子感到无法应对和难以企及"（Margiotta，2011，p. 17）。当孩子设法担负起诸如"你是我见过最棒的球员"这类评价时，父母在不知不觉中给孩子制造了压力和焦虑。

在《纽约客》(*The New Yorker*)的一篇文章中,音乐评论家亚历克
斯·罗斯(Alex Ross)剖析了著名作曲家沃尔夫冈·阿马德乌斯·莫扎
特(Wolfgang Amadeus Mozart)的艺术生涯。在参考了过去15年间畅
销的小小爱因斯坦(Baby Einstein)系列的产品后,罗斯在文章中写到
(2006):"那些望子成龙、正在给自己蹒跚学步的孩子播放小小莫扎特
(Baby Mozart)视频的父母可能要失望了,因为莫扎特之所以是莫扎特,
是因为他超于常人的勤奋。"尽管小小爱因斯坦系列视频和玩具的创造
者意欲激发孩子对艺术的好奇心,但是从产品的畅销程度来看,许多家
长认为这套玩具能培养孩子的艺术天赋。尽管激发孩子的艺术兴趣是
一个很好的策略,但是罗斯想指出的恰恰是使人获得成功的并不是先天
的禀赋,而是勤奋和练习,这正是成长型思维模式的两个特征。

> 当孩子设法担负起诸如"你是我见过最棒的球员"
> 这类评价时,父母在不知不觉中给孩子制造了压力和
> 焦虑。

　　瑞典心理学家安德斯·爱立信(Anders Ericsson)被公认为世界领
先的专业研究人员之一,他在20世纪90年代初实施了一项长期的小提
琴家研究。爱立信和他的同事发现,通常我们将小提琴手的某些特质归
因于他们的天赋,而事实上这些特质都是至少十年以上的刻意、持续练
习的结果。这项研究成为马尔科姆·格拉德威尔(Malcolm Gladwell)在
2008年出版的《异类:不一样的成功启示录》(*Outliers:The Story of
Succes*)一书中所提出的"一万小时定律"的实证基础。为爱立信及其同
事所证明的刻意练习的构成要素,也同样适用于体育和艺术(Colvin,
2008)。这些练习的要素包括:

◇ 在老师或者教练的指导下，制定有针对性的改进计划

◇ 不断重复练习

◇ 身心层面的自我高要求

◇ 得到针对性的、直接的反馈支持

106 　　要想通过练习来取得最高水平表现，就必须在练习时把自己拉出自己的舒适区（comfort zones）。回想一下我们在第四章中有关大脑的讨论。大脑只有在遇到超出舒适区的挑战时，才会形成新的神经连接。诺尔·迪奇（Noel Tichy）是一位成功的商人、密歇根大学的教授，开发了一个表征三个"表现区域"的视觉图。杰夫瑞·考尔文

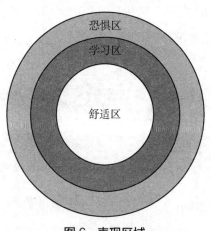

图6　表现区域

（Geoffrey Colvins）在 2008 年出版的畅销书《被高估的天赋：是什么让世界级演奏家异于常人？》（*Talent Is Overrated：What Really Separates World-class Performers From Everybody Else*）中引用过这个观点。如图 6 所示，这些区域可以帮助我们理解当一个孩子掌握了某项技能已经达到一定的舒适和精熟度时，要进入学习区会遇到怎样的挑战。

　　一个人只有选择在学习区活动，才能取得进步。而家长、老师和教练面临的挑战就是准确地诊断学习区在哪里，并且在孩子因更加娴熟而即将进入舒适区时，设法让他始终留在学习区（Colvin，2008）。所有这些信息让我想起一则在高尔夫界广为流传的关于练习的名言。一位观众在看到著名高尔夫球手盖瑞·普莱尔（Gary Player）打出一记精妙绝伦的一杆进洞之后，惊呼："天呐！我这辈子都没见过如此幸运的人！"普莱尔听到之后回答道："越努力越幸运！"虽然这一金句被认为出自普莱

尔之口，但是许多高尔夫球手，包括李·特维诺(Lee Trevino)和阿诺德·帕尔默(Arnold Palmer)，都说过同样的话(Yocom，2010)。

🔶 练习

对于有些孩子而言，练习并不是一桩苦差事，他们能在练习之中找到内心的平静。玛德琳娜·布鲁瑟尔(Madeline Bruser)在1999年出版的《练习的艺术：用心创作音乐》(*The Art of Practicing：A Guide to Making Music From the Heart*)一书中指出，尽管一提到"练习"这个词，一些人的脑海中会浮现出持续数小时痛苦疲惫地打磨技艺的场景和感觉，但对于另一些人来说，"练习"则是"迎接他们从纷繁琐事中解脱出来，以更自由的方式表达自我"的港湾(p.1)。帮助儿童形成这种轻松看待"练习"的态度，有助于减少家长的唠叨和哄骗，让儿童更高效地投入到钢琴或舞蹈的练习中。

孩子们往往对熟练掌握一项技能、一种乐器或者一门技术所需要的练习量抱有不切实际的预期。当刚上四年级的阿萨蒂(Ashante)决定参加学校乐队、成为单簧管演奏员时，她就开始想象自己在课上与老师一起合奏，在音乐会的舞台上演奏，以及在为家人伴奏中度过美妙夜晚的场景。与此同时，阿萨蒂的父母则意识到她已经参加了童子军、足球训练，还要去教堂，恐怕很难保证有充分练习的时间。但作为一个十岁的孩子，阿萨蒂一心想着自己可以快速掌握单簧管并在乐队中成为首席。你完全想象得到，一旦阿萨蒂意识到即使只是让吹奏单簧管的声音听起来像"音乐"而不是像吠叫的海豹都需要投入大量的练习，上述幻想就会迅速瓦解。她会像当初决定加入乐队一样，快速地做出放弃的决定。

这种情况其实并不罕见，当父母看到孩子的兴趣不断转换，做什么事都只有三分钟热度，总是浅尝辄止，会有很强的挫败感，更何况在此过程中，还会产生大量的费用和焦虑。在《音乐教育研究》（*Music Education Research*）2002 年发表的一项研究中，盖瑞·麦克弗森和简·戴维森（Gary E. McPherson and Jane W. Davidson）指出了导致阿萨蒂停止在音乐学习方面付出努力的可能原因：

> 开始学习之前，那些放弃学习的孩子们通常对所需的投入有不切实际的乐观估计。开始学习之后，在现实的学习进程中，他们的练习也始终比那些选择继续学习的同伴们少。（p. 152）

该项研究还指出，有很多因素会影响学习乐器所需的能力，"持续的音乐学习参与只有在某些特定条件得到满足时才会发生。其中最重要的条件之一便是父母或监护人，成为孩子练习的关键激励因素"。（McPherson & Davidson，2002，p. 142）

练习，无论是在钢琴前、游泳池里，抑或是在足球场上，并不总是那么轻松愉快，甚至大多时候是乏味的。练习需要毅力、投入和时间。同时，来自老师或教练的支持和反馈同样必不可少。练习使大脑有时间建立稳固的神经联结，同时随着挑战度的增加，新的神经联结得以建立。作为家长，你可以通过为孩子营造成长和进步的练习环境，让孩子在练习中获得尽可能多的收益。图 7 提供了一些相关建议。

> 练习使大脑有时间建立稳固的神经联结，同时随着挑战度的增加，新的神经联结得以建立。

卡罗尔·德维克（Carol Dweck）在《思维模式：新的成功心理学》（*Mindset：The New Psychology of Success，2006*）一书中给父母们提

供了一个非常有价值的建议："父母常常会为孩子们设置努力的目标。需要牢记的是拥有与生俱来的才能从来都不应该是一个目标，不断地充实知识、提升技能才是目标。为孩子设立目标时需要三思而行。"
(pp. 211 - 212)

有效练习的建议

图 7　有效练习的十条建议

来自赛场边的欢呼

我们都经历过这样令人难以忍受的场景：在孩子们的体育比赛进程中，听到有家长在边线对着孩子、裁判或者教练大喊大叫。曾担任斯坦福大学学监的朱莉·莱科特-海姆斯（Julie Lythcott-Haims）在她的著作《如何养育成年人》（*How to Raise an Adult*）中做了很好的概括，"在孩子们的赛场上，父母常常成为糟糕的榜样，并需要为此向孩子们道歉"（p. 33）。一旦父母看到孩子在赛场上犯错误、没有百分之一百地展现竞技水平，或者被教练或领队指出错误，便很难保持成长型思维模式了。我们大家有时会被比赛现场激动人心的气氛裹挟，忘记我们所传递的信息具有强大影响力，会直接影响孩子们是形成成长型思维模式，还是固定型思维模式。

那么，有着成长型思维模式的父母会如何在观众席上为孩子加油打气的呢？当孩子在参加体育竞赛或者表演时，父母应该承认孩子的努力（"干得漂亮！"），鼓励勇于冒险（"大胆去抢！"）以及赞扬孩子的成长（"这就对了！"）。家长传递的这些信息在强化成长型思维模式的同时，更让孩子全身心地投入到活动当中。然而，有时候站在场外，你会听到一些家长对孩子的每个舞蹈动作或每一场比赛作出指导。如果孩子们始终依赖场外的指导，就会变成一个听从者，而不是行动的创造者。孩子们会被卸下责任，在接下来的行动中依赖父母或成年人的指令，而不是在舞台上或赛场上学习如何自己解决问题。这种对孩子的微观管理更会导致自我效能感的缺乏，并且传递固定型思维模式的信息。

约翰·奥沙利文（John O'Sullivan）是变革游戏项目（Changing the Game Project）的创始人兼首席执行官。他指出："一些教练和家长会在场边喋喋不休地发表意见，猜测球员们下一步会做什么动作，朝着已经拼尽全力去比赛却没能胜出的球员大喊大叫。他们的所作所为只会形成一种让球员们害怕比赛的文化。"(para. 19)没有人愿意看到年轻人放弃运动，但最新的研究显示，有 70% 的孩子在 13 岁前就放弃了参加有组织的体育运动。原因何在呢？不好玩！乔治华盛顿大学的运动科学教授阿曼达·威斯克(Amanda Visik)对 150 名儿童开展了调查，了解他们在体育运动中发现了哪些乐趣。研究发现了 81 种影响因素。赢得比赛仅排在第 48 位，而排在前几位的因素是：积极的团队动力、奋力进取、积极的指导以及学习(Rosenwald，2015)。表 8 分享了一些关于站在场边时你该说什么的建议。

111

表 8　在观众席上喊加油　　　　*112*

<table>
<tr><td colspan="1">

在观众席上为孩子加油

　　在参加孩子们的体育比赛时，我们经常会听到父母在观众席上喊："投篮！"或者"你是最棒的！"父母们用心良苦，但是这样的评论会导致固定型思维模式的形成。下面列出的是贯彻成长型思维模式的措辞，大人们可以用这些话语来给比赛中的孩子们加油：

◇　奋力拼搏的样子太帅啦！加油啊！

◇　漂亮！你在团队中配合得很好！

◇　这球打对了！你还能找到下一次进球机会，继续尝试！

◇　就是这股劲！

◇　把学到的用出来！

◇　接着拼！

◇　别让困难击败你，你可以做到！

◇　团队配合！

◇　表现你的最好竞技状态！

◇　训练效果很明显！

◇　努力有回报了！

◇　保持势头！大家默契配合！

◇　你越来越强大了！

◇　只差一点儿了！

◇　我们为你的努力而骄傲！

◇　最爱你积极的态度！
</td></tr>
</table>

组建球队：以成长型思维模式的方法

　　在美国,没有什么事比球队选拔更能让整个家庭精神紧绷了,遇到高中校队和俱乐部选拔就更是如此。我们有幸对两位高一新生做了跟踪研究,近距离观察了他们如何准备各自学校足球队的选秀赛。尽管两个男孩都在高一的新秀赛季中取得了成功,但是其中一人的经历更加凸显出成长型思维模式的影响。

　　我们在马里兰州会见了米德尔敦高中的足球教练杰夫·科尔什(Jeff Colsh),由于他的一位球员的母亲在儿子准备夏季足球选秀过程中,注意到一些不同寻常的表现并专门与我们分享了有关成长型思维模式的例子:她的儿子多米尼克(Dominic)前段时间在参加了一场高中足球选拔信息发布会后,带回家一张反馈卡片,卡片上记录了他在一些关键领域的运动表现水平。科尔什教练和他的助理教练安东尼·韦尔奇(Anthony Welch)在五月份准备了这场模拟选拔,向所有想要参加八月选拔赛的孩子开放。他们设置了若干测试环节,并且亲自示范了每个环节需要做什么,然后让孩子们挨个完成测试,并做了记录。这场测试没有对孩子的成绩提出任何要求,科尔什和韦尔奇教练在活动结束时建议球员们回家后要不断突破自我,尝试有针对性地提升自己的能力,在八月份选拔赛上取得佳绩。每位球员都得到了一张由教练记录的测试结果(参见表9科尔什教练的反馈表)。在进入高中之前的这个夏天,多米尼克在家里后院建了技能训练场地,不断通过练习提高自己的水平。他渴望通过选拔赛获得成长和进步,并且最终做到了。

　　雅各布(Jacob)也是一名想踢足球的即将升入九年级的新生,在一所离米尔顿稍远的高中。他也参加了教练在五月份举办的球队选拔信息发布会。但这个信息发布会并不做技能诊断,而是教练借助PPT讲解了一些要求,诸如如何加入球队、体检表格和选拔的日程安排等。尽管这些信息都非常有价值,但只简单提了一句八月的选拔赛的目标或成绩要求:"如果你想加入足球预备队,那你必须在7分钟内跑完一英里,而想要成为校队的正式球员,你得跑进6分钟。请按这个要求规划夏天的训练。"

发布会结束后,雅各布坐进车里,当有人问他打算如何为8月的选拔赛做准备时,他答道:"我不需要做任何准备啊,我已经跑进6分钟了。"事实确实如此。雅各布的教练通过设定一个具体的成绩标准与学生们交流了自己的期望,而这是雅各布已经达成的成绩。尽管教练很可能觉得这个体能要求会鞭策这些年轻球员,但他却没有考虑到这是一个固定的时间要求,会让那些已达到要求的孩子止步不前。科尔什教练则不同,他的学生得到了一份聚焦改进的路线图,而雅各布的球技却没有被期待在暑假里得到提高。

114

表9 足球技能报告卡   113

MHS男子足球技能模拟选拔测试 2015			
选手姓名:_____			
右外脚盘带(秒)	左外脚盘带(秒)	右内脚盘带(秒)	左内脚盘带(秒)
右脚底角射门 (10分)	左脚底角射门 (10分)	右脚高死角射门 (10分)	左脚高死角射门 (10分)

科尔什教练坦言，想要成为一名聚焦成长型思维模式的教练并非易事，这意味着要带领自己的教练团队不断地反思和成长。当被问及他和韦尔奇为五月份的反馈做了哪些准备时，他说："我们花了4年才形成这样的能力评估体系。因为选拔赛对每个人来说都是个新的起点，包括那些曾经效力球队的老队员。"如果一个球员在选拔中落选，父母受到的打击往往比孩子还要大。科尔什说：

> 每年都有很多孩子参与选拔。你的孩子可能在某个队伍里是明星，而在另一个队里却面临着惨遭淘汰的境遇。这就产生一个思维模式的问题。在青少年体育方面，我们能做的最糟糕的事就是过早地认定表现出色的选手。这样做往往没有任何意义，只会让父母和孩子形成一种固定型思维模式。

科尔希充满成长型思维模式的指导使球队在赛场上取得了非同凡响的成功。在两位教练的带领下，米德尔敦高中的足球队在2015年赢得了州冠军，这也是22年来的第一个州冠军。

🔹 错也要错得精彩

科尔尼·弗朗西斯·布兰达默（Kearney Francis Blandamer）是一位有着20年的执教经验，受人尊敬的曲棍球教练。她在教练生涯的最后五年，担任了位于马里兰州托克维尔市的托马斯·伍顿高中（Thomas S. Wootton High School）的校队教练，带领学校女子球队取得了五年内67胜—12负—1平的骄人战绩。布兰达默和她担任该校初中部校队教练的妹妹——莱斯利·弗朗西斯·斯特鲁特（Lesley Francis Stroot），希望一起将成长型思维模式的准则（growth mindset principles）注入到球队的

115

准备工作、反馈机制和团队理念中，并借此把球队带上一个新的台阶。

由于布兰达默和斯特鲁特都在伍顿中学任教，她们得以从学习的视角看待这个社区。她们开始阅读德韦克（Dweck）的著作，同时思考如何将书中的理念应用到伍顿的女孩儿身上。这所学校对成就有着极高追求，成功文化生生不息。布兰达默承认道：

> 在外人看来，向往成功似乎是积极的因素。她们希望在几乎每件事上都获得成功。这其实暗藏危机。这意味着失败的代价极其高昂，会打消任何冒险的念头。我们的学生们的焦虑水平很高，从她们一度热衷的活动中败下阵来和过早退出的比例很高。

在她刚到伍顿的最初两年中，布兰达默注意到队员们由于惧怕失败，会在紧张高压的情况下畏首畏尾。于是她决心重塑一种让队员们敢于冒险的运动文化：

> 我们要教导和强化成长型思维模式。我们设法为女孩们创造舒适或不舒适的比赛体验，但现在我们可以说，这一切都是为了学习。我们谈论承担风险和经历挑战，也讨论为什么不舒适才能使我们成长。

为了终结这种现象，布兰达默和斯特鲁特找机会让她们的球队与来自亚特兰大中部的顶尖球队打比赛，比赛让队员们突破地域的限制接受挑战。

正是在其中一场对阵顶级球队的比赛中，此前不败的伍顿女孩以5—0输掉了比赛。而布兰达默却对比赛结果特别满意，这力证了成长型思维模式的价值：

　　　　我的女孩们筋疲力尽，被撞得焦头烂额，在一个陌生的处境中（射门被扑出，以如此大的比分差距）。也从未体验过在比赛之中溃不成军。然而，她们依然兴奋地谈论着比赛中的精彩环节、学到的东西，享受被挑战和检验的感觉，这些都是我此前从未听到过的……整支队伍轻松、乐观，因自己的努力而自豪。在我的执教生涯之中，真的从未见识过这样的转变。

　　布兰达默和斯特鲁特是如何做到的呢？首先，她们没有要求队员打一场"不出错"的比赛。事实上，最近有一次的中场战术布置，布兰达默向队员们讲了伟大的网球选手比利·简·金（Billie Jean King）的故事。她说过："胆子要大。就算要犯错，也要错得精彩。"布兰达默想让她的队员停止犹豫，"孤注一掷"，并且学会从错误中学习。加州大学洛杉矶分校（UCLA）的知名篮球教练约翰·伍登（John Wooden），曾率队拿下 10个国家大学体育协会（NCAA）冠军。他从来不要求打"零失误"的比赛。根据德韦克（Dweck）的表述，伍登从不要求队员不输球，而是要求他们全力以赴。"我是赢了，还是输了？"是一个错误的问题。而正确的问法是："我是否尽了最大的努力？"如果是，伍登就会说："你们或许得分比对手少，但是你从不曾失败。"（Dweck，2006，p. 207）和伍登一样，布兰达默和斯特鲁特也将关注的重点放在队员的学习和进步上。

　　布兰达默是在场边时是一位活跃的教练，但她在比赛期间传递的信息始终植根于成长型思维模式。比如，她会说："看那个新生，是伍顿的！看她多拼！"这句话强调一位年纪小且经验不足的球员只要全力以赴仍能为球队作出贡献。在把球员换下场时，布兰达默对她说："知道为什么换你下来吗？"即使是在纠正或指导时，其焦点始终落在学习和成长上。伍顿的球员重复着他们从教练那里听来的话，这种成长型的文化让伍顿中学曲棍球队一路打进了 2015 年的州决赛。

> 即使是在纠正或指导时，其焦点始终落在学习和成长上。

2015 年的 10 月，《华盛顿邮报》（*The Washington Post*）以"伍顿中学曲棍球在持续成长"为题对该球队做了专题报道。这篇报道引用了高年级学生玛丽莎·莫拉基斯（Marisa Morakis）对成长型思维模式的评述：

两年前，伍顿曲棍球队参加马里兰州 4A 级别秋季锦标赛，整个赛季只输了一场球。这唯一的一次失利，就是在决赛赛场上输掉了冠军。然而不足和失败并不能刻画布兰达默教练对这场比赛的记忆。

她记得在比赛结束后，当看着塞韦尔纳公园（Severna Park）中学的队员们忙于庆祝她们为自己的学校夺得的第 21 座州冠军奖杯时，当时还是二年级学生的玛丽莎·莫拉基斯却意外地感到无比充实，心中正在结晶出布兰达默教练多年来所追寻的哲学。

教练为比赛做了充分的准备。她潜心研究文斯·隆巴迪（Vince Lombardi，美国著名橄榄球运动员、教练）和约翰·伍登。但她所笃信的信条，也是爱国者队（伍顿校队队名）每天所锤炼的精神，是斯坦福大学心理学家卡罗尔·德韦克（Carol Dweck）的核心观点。当莫拉基斯在 2013 赛季结束后的几分钟内找到布兰达默时，表现出了她的成长型思维模式。

"她说'我已经竭尽所能了'，"布兰达默说莫拉基斯告诉她，"我已经做了我能做的一切。"而且她确实很高兴。

两年后，莫拉基斯作为一名高年级学生接受了巴克内尔大学(Bucknell University)的邀请，她作为队长带队出战，整个赛季中送出了 14 个助攻。拿下州内排名第三的爱国者队，也在蒙哥马利郡内问鼎最强。但这支队伍深知要避免给自己贴上成功者的标签，这是固定型思维模式的表现，所以伍顿不会单为成绩而开心。

"如果称赞能力，人们会将其理解为进步就到此为止了，因为是我的固有特性导致了我的成就，"布兰德莫说，"如果你称赞努力而不是能力，那么成长的潜力就是无穷的。"

"分数并不总能反映每支队伍的学习和技能水平，"莫拉基斯说，"我认为重要的是我们不能变得过度自信。"(Kasinitz & Hiatt, 2015，para. 10 - 16)

给教练的建议

父母很多时候可能会被拉过来充当孩子们的运动队的教练，从娃娃足球队一直到更有组织的儿童联赛，不一而足。一些基本概念，比如如何组织团队、如何传授基本的技战术等，对于一个刚走马上任的家长教练来说已经足够令人头疼了，更不用说如何将成长型思维的理念融入具体的训练当中了。而像布兰达默、科尔什、斯特鲁特和韦尔奇这些教练，能够在队伍之中建立起成长型思维模式并非出于偶然。事实上，这是他们缜密营造的一种驱动团队持续成长的文化。这里列举一些他们做过的事，以便家长应用到多样的教练情境中：

◇ **要求每个人都全力以赴。**这意味着教练必须清晰地知道每个人的"学习区"在哪里，并有针对性地调整自己的教学，确保每一个人在面临挑战时，既不会像"在公园里散步"一样轻松，也不会像"在爬珠穆朗玛峰"一样难以企及。这也意味着，当一个人并没有全力以赴时，称赞其"勤奋"是徒劳无益的。

◇ **有目的地规划挑战情境。**让选手们参与到复杂的对抗之中，创造机会观摩和学习资深运动员的高超技术，尝试在选手们容易出错的场景中进行特别训练。在训练或练习之后，花时间与选手一同复盘，讨论哪些做得好，哪些有待改进，从团队的角度看又有哪些技能需要在下一阶段着重训练，从而使队伍持续成长。

◇ **称赞冒险精神。**拥有成长型思维模式意味着知道犯错在所难免，但选手们需要学会即使没有十足把握，一旦机会出现，也应果断奋力一搏。

◇ **将失败纳入学习语境。**当我们把失败视为学习过程的一个步骤，孩子就会把失败看成暂时的挫折。留出专门的时间来回顾关键比赛，讨论是否有更加有效的替代性策略，或检视其他球员可能会做怎样的临场处理等，是值得的。

◇ **向队员们解释思维模式的理论。**你无论是用非常简单的语言向学龄前儿童解释（"今天，我们在学习跑垒的同时，大脑也会成长！"），还是用一套复杂的语言给青少年讲，（"还记得我们之前说过的，如何强化神经连接吗？今天的训练中来实际体验一下。"）源自神经科学的语言和案例，可以帮助我们强调成长型思维模式之所以重要的原因。

◇ **与观众分享成长型思维模式信息。**告诉其他父母们，选手们正在建立和巩固成长型思维模式的团队氛围。鼓励家长在场外给予支持性的称赞，而不是不停地指手画脚。

◇ **庆祝球员的成长。**密切关注队员因练习而在速度、灵活性、技巧等方面取得的进步。让队员们知道哪些选手（队友或者体育名

119

人)体现了成长型思维模式和强烈的职业道德。

🪨 跌倒七次，站起八次

有一句古老的日本谚语："跌倒七次，就要第八次站起。"这句话体现了我们的孩子必须具备不屈不挠的精神，才能愉快地驾驭艺术和体育领域的学习。身为父母，我们需要成为强有力的榜样，向孩子们示范克服弱点并且重新加入战斗有多重要。顶尖高手之间的较量，无论是比赛摄影还是跳台滑雪，都需要选手有克服弱点和学习的强烈渴望。电视转播的奥运会比赛为我们提供了一个绝佳的案例。比赛结束后，运动员们接受采访时常被问及如何评价自己的表现。通常运动员都会关注自己在技术方面的表现，并且表示他们今后会做哪些改进。这种对学习和进步的专注，就是成长型思维模式最显著的标志。

120　　这种对学习和进步的专注，就是成长型思维模式最显著的标志。

凯莉·格雷(Kelly Gray, 2015)，一位体育管理咨询师，给出了很好的总结："搏一搏但是没成功，一位选手可以学到什么有效，而什么无效，并进而能够以更快的步伐进步和发展。而那些一味打安全牌的选手的进步则慢得多。"(para. 12)

在竞技体育和艺术表演或展示中遭遇挫折，尽管对我们的孩子而言可能很难过(对我们也一样!)，但这只是提醒我们继续回去练习的信号。

第八章
在家就能着手尝试的成长型思维模式体验

"自从我开始在家里关注思维模式的养成,发现女儿对看待学习的态度已经有所转变。"

——艾米(Amy),两个孩子的妈妈

前面七章的内容或许已经引起了你的许多思考。你或许会暗自思量:"我是否有足够的毅力来营造一种具有成长型思维模式的家庭环境?"你当然能!汲取你前面读到的信息和观念,然后把这些种子撒播到日常生活之中。在家里高调宣布,"到客厅集合!全体家庭成员一起探讨一下思维模式",这样做的效果估计不会太好,而是要把这些语汇点滴融入日常交流之中。一个很好的时机就是给孩子读睡前故事时。想一想有哪些书中的主人公适合用来当做思维模式讨论的载体。你觉得《小火车头做到了》①(*The Little Engine*)怎么样?

◇ 假如主人公没有坚持,故事会有什么不同吗?

◇ 主人公为什么没有放弃?

◇ 你觉得故事的主人公具备成长型思维模式吗?为什么?

◇ 主人公是如何面对自己的错误和失败的?

---

① 《小火车头做到了》是美国经典儿童读物,书中经典语句"我想我能做到"影响着一代又一代的孩子。——译者注

　　你现在就可以把上面的这些问题套用在你书架或书篮中的许多书上。表10提供了一个书单，上面列出了适合拿来讨论成长型思维模式的书籍。同时我们也给出了一些示例问题，不过不必受这些问题的限制，你可以提出自己希望孩子思考的问题。

123　表10　适合用以讨论成长型思维模式的书籍

书名	作者	主角	思维模式	读完后可以提问孩子的问题
（绘本类）				
一点点魅力	巴尼·萨尔茨堡	未知	成长型	"魅力"是什么意思？为什么作者认为书里的东西（比如种子）需要一点魅力？为什么魅力对于成长型思维模式很重要？
差不多	理查德·托里文	杰克	成长型	"差不多"和"还没有"的相似之处在哪里？
美丽的意外	巴尼·萨尔茨堡	未知	成长型	作者为什么要写这本书？读完这本书之后，我们能从错误中学到什么？将失误转化为积极影响的办法有哪些？
反弹！一本关于弹力的书	谢利·J·梅内尔斯	小女孩	成长型	当别人说自己要"触底反弹"时，想表达的意思是什么？
小猪的大梦想	克丽斯蒂·山口	小猪	成长型	小猪梦想成为一名舞蹈家、歌手和模特，是什么阻止了她前进的脚步（练习、努力）？为什么小猪最后成功地学会了溜冰？
大家都能学会骑自行车	克里斯·拉西卡	小孩	成长型	在学骑自行车时，孩子们需要尝试哪些不一样的东西？你会用哪几个词来描述孩子？
长颈鹿不会跳舞	吉尔斯·安德烈盖·帕克尔·瑞斯	杰拉尔德	均有	为什么杰拉尔德改变了他对自己舞蹈能力的看法？

124

书名	作者	主角	思维模式	读完后可以提问孩子的问题
完美的潘尼洛普：一个完美主义的故事	香农·安德森	潘妮洛普	固定型转成长型	在故事的开始,潘妮洛普每件事都完成得很完美。你认为为什么这对潘妮洛普很重要呢?
走钢索的米莱特	艾米丽·阿诺德·麦考利	米莱特	成长型	请描述一下米莱特的思维模式。她是如何学会在钢丝上走路的呢?
马太福音的梦	李欧·李奥尼	马太福音	成长型	当马太福音决定成为一个画家后,他都为成为知名画家做了哪些准备呢?
一飞冲天	卡罗尔·E·赖利	丽萨约翰尼	丽萨＝成长型约翰尼＝固定型	丽萨在意识到自己很沮丧时都做了什么? 她从这次经历中学到了什么?
了不起的杰作	阿什莉·斯拜尔	女孩	成长型	小女孩为什么没有放弃呢?
奇怪的男孩：年轻的阿尔伯特·爱因斯坦	唐·布朗	艾伯特	成长型	为什么阿尔伯特的老师告诉他"他的一生将一事无成"呢? 阿尔伯特又是用哪些办法来证明自己的成长型思维模式的呢?
罗西想当个工程师	安德里亚·贝蒂	罗西罗西姑妈	罗西姑妈＝成长型	为什么孩子们会站起来庆祝每一次的失败呢?
鲁比的心愿	希琳·严·布里奇斯	鲁比	成长型	为什么鲁比的祖父会同意鲁比上大学呢? 祖父的思维模式是哪种呢?
某一天	艾琳·斯宾奈丽	小女孩	成长型	这个小女孩为了自己想在某天完成的事情都做了哪些准备工作呢?
卡住了	奥利弗·杰夫斯	弗洛伊德	成长型	弗洛伊德为什么不放弃呢?
谢谢你,福克先生	帕萃莎·珀拉蔻	特丽莎	固定型转成长型	对于特蕾莎的固定型思维模式有什么办法吗?

125

书名	作者	主角	思维模式	读完后可以提问孩子的问题
走起来！全年龄宝宝指南	玛拉·弗雷齐	小宝宝	成长型	学习走路和学习培养成长型思维模式是一样的吗？
拥有无限可能的威尔玛	凯瑟琳·克鲁尔	威尔玛鲁道夫	成长型	面对贫困的生活，威尔玛是通过什么办法克服的呢？
（章节文字类）				
查理和巧克力工厂	罗尔德·达尔	查理	成长型	威利·旺卡是成长型还是固定型思维模式？抑或两者都有？并阐述是如何判断的。
树上的鱼	林达·穆拉利·亨特	艾丽	成长型	在第 239 页上，丹尼尔先生对班中同学们说："事实上，那些人都绞尽脑汁了。"他说这句话的意思是什么？
飘扬：四姐妹的神奇之旅	埃琳·E·莫尔顿	梅普尔	成长型	梅普尔和丹在旅途中展现出了自己的成长型思维模式，但她们是否作出了正确的决定呢？还有没有其他有关成长型思维模式导致自己陷入危险的例子呢？
寻宝小子	路易斯·撒察尔	典狱长斯坦利先生潘登斯基先生	固定型	在某些方面上，成年人拥有成长型思维模式，比如当他们决定去寻找宝藏时，典狱长愿意等几年时间让孩子们挖出宝藏。请举出一个成年人表现出固定型思维模式的例子，并思考如何能够同时拥有固定型和成长型的思维模式。
爱德华的奇妙之旅	凯特·迪卡米洛	爱德华	均有	是什么导致爱德华的思维模式产生变化？在生活中，他的内心发生了哪些改变？
奇迹男孩	R·J·帕拉西奥	赛蒙	成长型	你认为赛蒙是固定型还是成长型思维模式？请从书中找出能够支撑自己观点的证据。

126

成长型思维模式家庭的必备要素

如果我们走进你的家中,和你的家人相处一段时间,能察觉到这是一个具有成长型思维模式的环境吗? 我们会听到些什么? 会看到些什么? 家庭成员们又在做些什么呢?

我们可能会看到的事包括:

◇ 冰箱上贴着记录成长、进步和努力过程的纸(而不是全是 A 的成绩单);

◇ 大人和孩子都认真勤奋;

◇ 需要开动脑筋的游戏或者拼图;

◇ 乐观积极的观点;

◇ 面对挫折时的坚韧。

我们会听到这样的话语:

◇ "你只是目前还不理解。"

◇ "很棒的努力!"

◇ "我发现你取得了很大的进步。"

◇ "在这方面,你真的成长了。"

我们会观察到的行为有:

◇ 更多赞许过程而非结果;

◇ 重视职业道德;

◇ 当孩子的课业成绩不到全优时,仍能保持冷静,并以成长型思维模式加以引导;

◇ 与孩子一同订立与年龄特征相符的目标。

具有成长型思维模式的家庭可能还会有给孩子的视觉提示,以鼓励他们转变思考方式,这些提示通常是以图片或者海报的形式展现一些坚韧不拔并最终取得成功的榜样，或一些关于越挫越勇的名言。其他的素材，如本书附录 B 中的成长型思维模式海报，可以挂在孩子的房间或者学习空间，以激发其对成长型思维模式的思考。

¹²⁷

🔹 幼儿和学前班儿童的成长型思维模式萌发时刻

每一天，我们必须抓住机会来发展孩子的成长型思维模式——这对于幼儿期和学龄前的孩子而言尤为重要。大人们一定要允许孩子们保持独立行事，同时明白即使事情进展并不顺利也无伤大雅。在第一章里，我们所分享的数据显示，刚进入幼儿园的孩子们 100% 都具有成长型思维模式，但到小学三年级时，他们中的 42% 已持有对学校学习的固定型思维模式。在幼儿期和学前期持续强化成长型思维模式，有助于帮助孩子通过将成长型思维应用于整个学校生活，进而更好地维持这种思维模式。

让我们一起来看一些家长可借以强化成长型思维模式的场景。

四岁的诺艾尔（Noelle）正在穿外套，但是却发现怎么也没法把胳膊伸进袖子里（她的帽子和手套在袖子里）。奶奶注意到孙女开始变得有些恼火，赶紧跑过来想帮她穿好。这时诺艾尔的妈妈帕翠丝（Patrice）走进房间，她先是拦住了奶奶伸出的手，然后转头问诺艾尔发生了什么。帕翠丝语气柔和地提醒女儿，她的帽子和手套在袖子里（诺艾尔可能已经自己发现了问题），接着又问女儿打算怎么¹²⁸处理这种情况。帕翠丝并没有直接替女儿解决问题，而是为女儿提供了一个机会，让她能自己从袖子里移除障碍物，并最终成功穿上外套。

　　上述场景描绘的就是一个成长型思维模式时刻。我们常常自己去替代孩子快速解决问题,因为这确实能让一个烦躁的孩子快速平复下来。特别是如果这事发生在早上,我们完全没有多余的时间,你就会给予一个快速为孩子解决问题的方案,"我给你拿鞋",或"这个我来帮你做"。但是这样会向孩子传递什么样的信息呢? 这是在告诉他们:"我不认为你可以自己解决,所以我来替你做。"教会家里的小朋友,努力解决问题是学习和成长过程的重要组成部分,这会更好地帮助他们成长。当然,有时候这需要成年人拿出一些耐心。给孩子多一些时间,让他们有机会发展自己的能力。

　　再来看一下这个场景:

　　　　凯恩(Cain)过生日时收到了一套 3D 恐龙骨骼积木。恐龙是凯恩的最爱。他一看到这个礼物,就丢下手里拆了一半的其他生日礼物,开始摆弄积木。他兴奋得不得了,把所有的恐龙骨头都倒在了地板上,然后开始着手拼装。只是扫了一眼包装上的图片,他就埋头干起来。他在 10 分之内就完整地拼好了积木。他的爸爸大声赞许:"不愧是我儿子! 真是超级聪明! 看他都不需要任何人帮忙就能搞定! 还有哪个男孩比他更聪明呢?"当妈妈和其他家庭成员都点头表示赞同时,凯恩洋洋得意。

　　爸爸开心,妈妈开心,凯恩也开心。这有什么不好的呢? 问题在于家里错过了一个养成成长型思维模式的好时机。这个场景里有哪些可以做出成长型思维模式应答的机会呢? 在凯恩拼好他的 3D 恐龙之后,我们应该说什么? 如何将这变成一个成长型思维模式场景呢?

129   试着写一下答复吧。

_____

_____

_____

_____

_____

_____

_____

_____

_____

_____

_____

_____

_____

_____

_____

_____

130   如果你是在参加读书会，或者和朋友们一起读这本书，那么和他们讨论一下你在上一页写的回答。如果你只是自己在读，就试着反思一下。他们的语言是在关注凯恩拼搭积木的过程，还是只关注结果？你的回应是否看重他为了解决问题而付出的努力和选择的方法？凯恩拼图的速度有多快重要吗？（其实并不重要。）你的反馈应当关注凯恩拼图的过程和采用的方法，以及他的坚持和努力。看一看玩具包装盒，确认恐龙完成时应该是什么样子，是凯恩的一种可见的策略。想象一下，凯恩在大人的每一种反馈中会获得哪些信息。这些信息又会如何影响他对自己能力的看法，以及他的父母更看重什么？下一次，当凯恩遇到一副新的更有挑战性的拼搭玩具时，这些信息会对他克服困难坚持下去产生怎样的影响？

一些可与学龄前儿童分享并讨论的视频

这里列举一下孩子可以观看的视频：

◆ 《你可以学会任何东西》（*You Can Learn Anything*，https://www.khanacademy.org/youcanlearnanything）——这段时长一分半的视频提醒孩子们，我们每一个人都是从零开始的——学习中时常遇到困难和挫折，但是只要坚持，我们就能学会任何东西。

◆ 《大脑的秘密》（*A Secret About the Brain*，https://www.classdojo.com/bigideas/?utm_source=twitter&utm_medium=social&utm_campaign=2016-01-19BigIdeaVideo01%20-%202zrtHt3bBmQ#2zrt Ht3bBmQ，Class Dojo 成长型思维模式系列视频第一集）——莫佐（Mojo）从朋友凯蒂（Katie）那里学到了一个诀窍，这转变了他对于学习的认识！

◆ 《错误的魔力》（*The Magic of Mistakes*，https://www.classdojo.com/bigideas/?utm_source=twitter&utm_medium

121

= social&utm_campaig n = 2016-01-19BigIdeaVideo01 ♯ rg_MeWhJW7I，Class Dojo 成长型思维模式系列视频第二集）——莫佐参加了一个机器人比赛，并赢得了意料之外的奖品：一种新的思维模式！

◆《芝麻街：贾奈尔·梦内特辑——"目前"的力量》（*Sesame Street：Janelle Monae-Power of Yet*）——相信你自己，勤奋努力，保持专注，最终你会达到你曾经梦想的高度。这就是"目前"的力量。

◆《芝麻街：布鲁诺·马尔斯：永不言弃》（*Sesame Street：Bruno Mars：Don't Give Up*，https：//www.youtube.com/watch? v = XLeUvZvuvAs）——布鲁诺·马尔斯演唱了一首关于永不言弃的歌。

和你的孩子一起观看这些视频，交流一下他们从视频中学到了什么，问问他们如何运用刚刚从视频中学到的信息。

设立目标

和孩子一起订立目标，是帮助孩子建立成长型思维模式的另一种有效方法。表 11 提供了一个可以用来与年幼的孩子一起设定目标的示例表格。和孩子讨论一个他/她想学习的事物，评估一下他/她的起点在哪里，以及他/她可以通过哪些方式达成目标。和孩子一起填写表格，而不是由你代劳。让孩子充分考虑表格的每一个问题，并填入自己的答案。表 12 为家长提供了一个目标设置表格的填写过程。孩子可以画一幅画，描绘自己实现目标时的样子——这会帮助孩子形成对目标的视觉化印象。

表 13 是一个为稍大些的孩子准备的目标设置表，专门帮助孩子设

置有助于塑造自己思维模式的目标。同样的,孩子们或许也想要描绘一下达成目标时的自己——用画笔、拼贴或者只是想象和思考一下,达成目标时自己的表情和感受。

表 11 我的成长型思维模式目标（幼儿版） *132*

我的成长型思维模式目标
名字：_____ 日期：_____
我希望能够学会_____
_____,
目前我可以_____
_____,
但我还需要学会如何_____
_____,
并且加强练习_____
_____。
画一下自己努力实现目标时的样子。
检查： □目标完成并准备执行新的目标！ □我仍然在努力攻克当下的目标！

133 表 12 填写完成的"我的成长型思维模式目标"（幼儿版）

我的成长型思维模式目标

名字： <u>约瑟芬</u> 日期： <u>4 月 1 日</u>

我希望能够 <u>一个人布置好晚餐的餐桌</u> ，

现在我可以 <u>从碗柜拿出刀叉，然后帮助哥哥布置餐桌</u> ，

但我需要学会 <u>在餐桌上正确的位置放好盘子、刀叉、勺子等</u> ，

并且加强练习 <u>所有的餐具都要放对</u> 。

画一下自己努力实现目标时的样子。

检查：
□目标完成并准备执行新的目标！
☑我仍然在努力攻克当下的目标！

表 13　我的成长型思维模式目标（大孩子版）　　　　　　　　*134*

姓名：_____　日期：_____
成长型思维模式目标：_____
_____

我希望的达成目标时间：_____
为了达到目标，我将采取的方法以及将要付出的努力：
_____
_____

定期检查：
我的目标进展如何？记录日期：_____
☐我已经达成目标
☐我达成了部分目标
☐我暂时还没有达到目标
举一个能够看出自己是否已经达到、部分达到，或者尚未达到这个目标的例子：
_____
_____
_____
_____

一些值得尝试的不同方法，或者新的成长型思维模式目标：
_____
_____
_____
_____

（如果订立了新的目标，请用一张全新的成长型思维模式目标表格重新开始记录。）
* 表格来源：《教室中的思维模式》(M. C. Ricci, Ready-to-Use Resources for Mindsets in the Classroom, p. 138, 2015, WACO, TX: Prufrock Press. Copyright 2015 By Prufrock Press. 经许可使用。)

🔶 成长型思维模式"大冒险"　　　　　　*135*

另一种促进成长型思维模式形成的方法是充分利用机会，在新的不熟悉的经历中为孩子提供示范和引导。其实，这类机会无处不在，我们需要做的只是花些时间，敞开心扉去感受和寻找，只要我们仔细提防不让暗藏在自己内心之中的固定型思维模式悄悄溜进来。让我们一起来思考这样一个可能的场景。

> 在图书馆里，两个孩子的爸爸路易斯（Luis）注意到了一张海报，宣传近期将在当地社区中心为家庭举办的鸟舍制作工作坊。两个念头同时涌入他的脑海：
> ◇ "我的两个孩子，伊森（Ethan）和劳拉（laura）一定喜欢这个活动！他们喜欢喂鸟，一定也会喜欢学习制作鸟舍。"
> ◇ "我甚至无法把一颗钉子直接钉进木板。我完全不可能做成鸟舍，尤其是当着这么多人的面⋯⋯还要当着两个孩子的面。"

这就是一个潜在的可以成为家庭成长型思维模式大冒险的经历。在活动中，路易斯将会和自己的孩子一起，按照指导一步步完成鸟舍制作。伊森和劳拉会学习新技能，同时也可以有机会锻炼毅力和坚韧。路易斯则有了在真实情境中运用带成长型思维模式特征的反馈和称赞的机会。

而最重要的是，他一开始会感到不舒服，可能会担心，甚至因自己的作品而感到挫败，路易斯可以亲身向孩子们示范成长型思维模式，可以让孩子们看到他是如何学习新技能的，以及他对自己木工能力的信心是如何提高的。向孩子示范我们在自己不擅长的领域是如何通过富有成效的奋斗学习新知，或收获自信的，是帮助孩子在行动中看到成长型思维模式力量的最有效方式之一。

136 　成长型思维模式大冒险的机会在我们周围随处可见，稍微花点时间就能找到。下面我们分享一些比较常见的例子。

你安排好周末全家一起去登山，而最近的一场大雪增加了这个活动的挑战度。在你向孩子许诺周末要去登山的时候，当然未曾预料会下雪。这时候你面临选择：是取消登山活动，还是迎接挑战，告诉家人这会是一次新的冒险！裹上外套，穿上靴子，整装待发。这会带来更大的挑战吗？毫无疑问，整场远足都比预想的更加困难。你不得不调整你的计划吗？当然，我们必须做足额外的准备。你会有更多的机会与孩子们谈论如何应对挑战，如何破除困难。确实！

你的邻居邀请全家参加周末露营，而你从小生活在大城市，对于山野和露营一无所知。这时候你面临一个选择：是得体地拒绝邻居的邀请，还是接受邻居的慷慨邀约，借用他们多余的帐篷和睡袋。你在挣扎着搭帐篷时，很可能不得不向邻居寻求帮助或者建议。在设法生火时，你也可能会不得不反复尝试。而这些，都是彰显成长型思维模式的时刻。你在冒险的过程中自言自语地把所思所想说出来，可以让孩子帮助你学习。这难道不是证明终身成长和学习重要性的最有说服力的信息吗！

在海边玩的时候，你想租两辆自行车和孩子一起骑，但是租车站只剩下最后一辆了，而且还是一辆双人车。店员表示抱歉，并且愿意给你打折，但是你从来没骑过双人车。这时候你面临选择：是放弃和孩子一起骑车的念头，还是大胆尝试一下双人自行车。刚开始的时候，双人自行车会让你感到别扭。而这是在检验你的耐心。或许这会引发一段日后为家人津津乐道的一段有趣故事。但更重要的是，这是一个成长型思维模式大冒险的绝佳时机。

就算在家，也有许多容易被忽视的机会。例如你总是跳过周日报纸上的填词游戏，因为你觉得自己难以完成。你可以让孩子知道你过去一直都会跳过这一部分，但是现在你有着截然不同的思维模式，你会想要努力尝试，不会轻易放弃，直到成功。如果你最终发现需要一些外力支持，那么就分享一些你采用的帮助策略和方式。你不必只能成功，你的 *137*

孩子会看到你无惧失败，尽力探索。

　　需要注意的是：让孩子知道"我能做到"的态度并不适用于每一种情境，也是重要的。如若不然，有时会导致潜在的伤害性结果。例如，一个孩子需要在放学后或参加其他活动后需要父母接，孩子没有打电话回家告诉父母来接，而是想，"我知道怎么回家。我可以走回家，不会迷路"。锻炼毅力的意愿可能会误导孩子的行为。因此，一定要和孩子讨论应该怎么应对与此类似的情况。

　　培养成长型思维模式的好时机每天都会有。我们一定要精心地对日常的情境做出有意识的反应，从而培养韧性，示范毅力，使我们的孩子将成长型思维模式视为日常生活的一部分。

写在最后的思考

　　育儿建议是早间电视节目、杂志、社交媒体中的常见话题。琳琅满目的"要做这个，不做那个"很容易让人感到无所适从，这些意见又时常相互矛盾。这很让人感到困惑和挫败。你一定也从当了爸爸妈妈的亲戚朋友那里听到许多建议。我们认识到每一位家长会都以自己独特的视角来看待养育孩子的重要工作，也明白在这一过程中每一位父母都还在纷乱庞杂的信息和意见之中筛选出最适合自己家庭的。

　　思维模式的概念和向孩子灌输成长型思维模式的力量，都已经被充分地证实对朝夕相处的我们每一个大人和孩子都具有强而有力的影响。它改变了我们开启新学习的途径、我们称赞孩子的方式，以及我们应对挑战、困境和挫败的方式。在我们向其他人分享有关成长型和固定型思维模式、神经可塑性、毅力、韧性、坚持等信息时，他们会不停地说："这让我思考和我儿子的关系时有了清晰的理解。"或者："多希望可以回到过去，让我可以改变面对孩子所处困境的应对方式。"或者："如果我当初没有早早认定自己不够聪明，就不会过早放弃成为一名科学家的梦想，也许我就会拥有截然不同的人生。"而这正是促使我们写这本书的部分原因。

> 　　思维模式的概念和向孩子灌输成长型思维模式的力量，都已经被充分地证实对朝夕相处的我们每一个大人和孩子都具有强而有力的影响。它改变了我们开启新学习的途径、我们称赞孩子的方式，以及我们应对挑战、困境和挫败的方式。

　　我们希望书中所分享的信息和建议能够帮助你培育一个充满成长型思维模式的家庭环境，为你自己，也为你的孩子。请记住，每当你学到新东西时，你就在创建新的神经通道。现在，你现在拥有了一条获得成长型思维模式所蕴含力量的神经通道！要强化这个神经联结，就要每天实践成长型思维模式的观念、成长型思维模式的称赞和成长型思维模式的反馈。你一定能成功！

附录 A
参考答案

 家长思维模式反思工具，第一部分

解答：F=固定型，G=成长型，N=中立型

1. 孩子拿回家一张写着 A 的成绩单，你会说：

   a. 太棒了！你真聪明！（F）

   b. 真不错——我知道你就是能拿 A 的。（F）

   c. 哇！你的用功学习见到成效了。（G）

2. 孩子拿回家的成绩并不理想，你会说：

   a. 我早就和你说过要再多花点时间的。（N）

   b. 老师打分怎么那么严啊？你应该去找老师好好沟通一下。（F）

   c. 你是怎么做这个作业的？下次有没有可以改进的地方？（G）

3. 孩子在比赛中为球队拿下制胜分，你会说：

   a. 真为你骄傲！全队靠你才赢下来的！（F）

   b. 哇！你在训练上的所有付出果然得到了回报！（G）

   c. 能打进那一球真是运气不错。很棒！（F）

4. 孩子在体育比赛或者文艺表演中因为紧张而发挥失常，你会说：

   a. 表现太棒了！（F）

   b. 这不是你的最佳表现，看得出来你有些紧张。（N）

    c. 看得出你对今天的表现不满意。下次可以怎么样尽可能准备得更充分一些，让自己更加自信呢？（G）

5. 看到孩子长时间专注于琢磨一件事（一个游戏、拼图、应用程序、电子产品等），你会说：

    a. 看你一直埋头研究，我很欣慰你没有轻易放弃。（G）

    b. 我觉得你花的时间已经够多了。解决不了就放下吧。（F）

    c. 来，我帮你弄。（F）

6. 注意到孩子对某件事只有三分钟热度，你会说：

    a. 我很开心你兴趣广泛地在尝试不同的事情。（N）

    b. 试着再坚持得久一些，多加练习，或者尝试一个新的解思路。（G）

    c. 就这样吧。碰到困难时我也会放弃的。（F）

家长思维模式反思工具，第二部分

1. 通常都很优秀的孩子在某个科目上表现不佳，而且你注意到情况在变得更糟。你会做出怎样的反应：

    a. 尝试了解同一班上其他孩子的情况。也许这是老师呈现新知识的方式出了问题呢？（F）

    b. 对孩子强调如果成绩没有起色，将会有什么后果（如不许碰电子产品，限制和朋友们玩的时间）。（F）

    c. 你会和孩子沟通，指导他弄明白学习中可能存在的障碍（困惑、分心、学习节奏等），试着弄明白他所需要什么样的帮助。（G）

2. 注意到孩子在完成一项任务的过程中陷入困难，你会：

    a. 给孩子换一件事做，转移注意力。（F）

b. 告诉她遇到困难是正常的。（G）

c. 帮她解决困难。（F）

3. 注意到孩子会有意回避挑战（比如在游戏、体育运动或学术性课程中）。当你问其缘由时，他说那些挑战非常"愚蠢"。面对这样的情况，你会：

   a. 问问他，为什么觉得愚蠢。仔细倾听，检查他是否具有固定型思维模式的苗头。（N）

   b. 告诉他，没必要寻求挑战——做一些令他轻松自在的事就好了。（F）

   c. 让孩子知道，一时做不到是没有问题的。（G）

4. 孩子因为自己的不小心做错事而表现得非常生气。你会：

   a. 告诉他冷静下来，不要生气。（N）

   b. 和他分享一个关于自己失败或者失误，但是从中学到东西的故事。（G）

   c. 因为孩子的过失而生气，认为他明知故犯！（F）

替换家长的固定型思维模式表达

在第三章中，你依次读过以下每一句罗列的固定型思维模式的表达，作为家长，我们有时会对自己说类似表格左侧的话。你在右侧对应的位置将其改写成了体现成长型思维的语句。下表右栏是一些可以用于替换，用于反思自身思考的语句。别忘了，我们关注成长的自言自语，也有助于发展孩子的成长型思维模式。

固定型思维模式的语句	成长型思维模式的语句
我是一个糟糕的厨师！	我需要上网找一些视频， 学学这些我还没能掌握的烹饪技巧。
我永远都无法做好这个。	我确实离能够做好还很远， 但是只要一直努力，就一定能做好。
我天生是个园艺大师。	过去几年我学了不少关于园艺的知识。 我总是试图学习新技术和新知识，以扩充自己。
我还是把这些事（金融、科技、烹饪等）留给我的同伴做吧。	我没有在（账单、电脑、做饭）等事情上花太多心思。 但是只要练一练，我就都能做到。
你无法教老狗学会新把戏。	终身学习非常重要，永远都应该尝试新事物。

🟣 替换家长对孩子说的固定型思维模式表达

在第三章中，你读过下列每一句固定型思维模式的表达，为人父母，你或许说过类似表格左侧的话语，并在右侧对应的位置将其改写为了体现成长型思维的语句。让我们看一些有哪些用于替换的成长型思维模式的语句。别忘了，你的措辞会对孩子成长型思维的发展产生深远的影响。

固定型思维模式的语句	成长型思维模式的语句
你真聪明！	看得出你做了许多努力！
你是个"天才"！你一定知道怎么做这件事。	想一想你已经弄懂了的地方。 你还需要弄懂什么才能完全做好这件事？
我也不擅长数学。	数学对你来说颇具挑战， 但绝不意味着你驾驭不了数学。
我们家族里就没谁擅长的。	家族里的其他人都不擅长， 但是也许这是因为我们都没有机会学习和练习。

续　表

固定型思维模式的语句	成长型思维模式的语句
你真厉害,不怎么需要学习就都搞定了。	看起来这件事你上手很快。 也许我们可以找一些更加具有挑战的事来试试。
你是我的小画家,你姐姐是我的小作家。	我很欣慰你乐于在艺术上投入, 就像你姐姐在写作上的投入一样。
这对你来说太简单了,试都不用试!	如果没有真正付出努力,你就不会变得更强。 让我们来看看怎么能更有趣,也更具挑战一些。

附录 C
为读书会设计的讨论题

　　如果你正在计划邀约一些朋友,或者正在考虑在孩子学校的读书会、在教会、在妈妈群里分享本书,以下这些问题都可以用来试着开启讨论。这里提个醒,读书讨论最理想的形式,是书中得来的洞见与读者个人体会之间的巧妙平衡。有些人会对分享个人经历和轶事有所顾虑——这时候请充分尊重不同意见,照顾到不同人的接纳程度。从书里选取一些你的讨论组员感兴趣的问题,或者自己提出一些问题来开启讨论。

第一章

◇ 你在生活中的哪方面的表现会更倾向于固定型思维模式? 而这种固定型思维模式会如何影响到你?

◇ 你在生活中的哪方面的表现会更倾向于成长型思维模式? 而这种固定型思维模式会如何影响到你?

◇ 对你而言,智力具有可塑性是否是一个全新概念? 而这一认识是否会让你对自己看问题的角度作出某些调整? 如何调整?

◇ 你期待在这本书的后续章节中学到什么?

第二章

◇ 你是否对家长思维模式反思工具的结果感到意外? 说说是或否

的原因。

◇ 在座各位有谁愿意分享某次在孩子面前表现出的成长型或者固定型思维模式？

◇ 你会对失败作何反应？请举例说明。

◇ 当孩子目睹你为了完成一项任务而努力挣扎时，他/她会作何反应？

◇ 几乎可以肯定，在你的家庭成员（包括成年人和孩子）之间存在着不同的思维模式。要建立成长型思维模式的家庭环境，你将如何迈出第一步？

◇ 你还听其他人说过哪些才能/能力（或者缺乏才能/能力）和遗传有关？你在自己的生活中是否有过这种经历？

第三章

◇ 在孩子的学校生活、体育活动、演奏会中，你听到过什么样的称赞和反馈？请分享一些案例。有必要的话，其中的措辞应当如何调整以促进成长型思维模式的发展？

◇ 分享你近期在家运用过（或可以运用）以下类型称赞的场景：

    ○ 针对过程的称赞

    ○ 针对方法的称赞

    ○ 针对坚持的称赞

◇ 什么时候提醒孩子"目前的力量"是有用的？在孩子成长的不同阶段（幼儿、儿童、少儿、青少年、少年、青年等阶段）又该怎么表述？

◇ 本书48—49页（中文版见边码）的措辞，可以怎么样替换？分享你的想法吧。

第四章

◇ 了解过神经可塑性，以及大脑的工作原理是否改变了你对于学习
的认识？是如何影响的呢？

◇ 日常生活中有哪些机会可以向孩子分享一些简单的神经科学概
念和知识呢？

第五章

◇ 社会心理的能力（坚持、韧性、毅力等）在你所获得的成功之中，或
者你所知道的成功事迹之中，起到什么作用？

◇ 分享一次你满心焦急目睹孩子在逆境中挣扎或者失败的经历。
当时你是如何回应孩子的？如果当时的情况再次发生，你会作出
与此前不同的回应吗？

◇ 父母们如何才能做到认可孩子的失败，却又不让孩子觉得可以甘
于平庸或不必拼尽全力呢？

第六章

◇ 在孩子所接受的教育之中，你注意到过什么成长型或固定型思维
模式的实践？

◇ 有什么事，你和孩子本来可以进行，如果你孩子的其中一位老师
表现出固定型思维模式，并越来越伤害到孩子，你可以做些什
么呢？

◇ 在帮助孩子形成以成长性思维为导向学习经历方面，你有什么好
主意或建议？

第七章

◇ 你的孩子有什么投身练习的机会？在你家，练习是否是一种苦差事？为什么或为什么不？

◇ 你怎么激励孩子进行刻意练习？

◇ 我们可以如何运用成长型思维模式的词句改变参与体育赛事的孩子们的体验？又会如何改变比赛的基调？这会让观众们的乐趣发生怎样的改变？

第八章

◇ 你觉得哪些工具对你的家庭来说最有价值？你又将如何运用它们？

◇ 你还知道哪些资源有助于营造成长型思维模式的家庭环境？

附录 D
家长思维模式工作手册

在抚育子女的过程中贯彻成长型思维模式,最大的挑战之一就是生活中的一切都发生得太"突然"了! 帮助和支持孩子建立成长型思维模式的机会每天都层出不穷。但身陷工作和学校的责任、琐事和任务的漩涡中,我们常常错失时机。时不时,我们会在两分钟之后猛然意识到自己错失良机,没能立刻给予孩子带有成长型思维模式意味的称赞,没能及时提出问题以引导孩子思考如何将困难重构为一次学习机会。

这份"工作手册"提供了一个契机来提前彩排家庭之中可能会出现的某些场景。花些时间来考虑你的回答,你可以先来个"纸上谈兵",写下在遇到类似情形时希望自己作何表现。如果是在读书会上,或者和自己的另一半一起,又或者是和教育孩子的其他伙伴共同研读,你可以围绕以下这些情形展开讨论或分享意见。请记住,这些答案不要过分拘泥于答案的对或错,而要试着考虑有什么方法可以引入本书所介绍的策略,制定出最适合你孩子的回应,以支持其发展成长型思维模式。

场景：

你刚刚观看了 7 岁的儿子参加社区活动中心组织的篮球选拔赛。这是他第一次尝试在球队中打球。早在活动开始的几周前，他就已经跃跃欲试了。尽管你知道，因为这是儿童娱乐联赛，所以所有的孩子会组建成队伍参赛。活动之后，孩子坐进回家的车上，一直念念不忘的是自己的进球没有其他孩子多。"他们擅长打篮球，而我不行，"他对你说，"我改变主意了。我现在一点都不想打篮球了。"

反思：面对这种情形，我可以问自己或自己思考的事：

他有些累了。现在立刻开始谈论这次选拔赛或许效果不佳。我想我会等他休息一会，在吃些东西后，再一起讨论决定今后要不要打篮球的事。

他从来没有组队打篮球的经历。他只在门前空地和学校体育课上练过。

我可以说些什么来培育成长型思维模式：

"你觉得选拔赛的哪一部分最有挑战性？你觉得为了改进球技你可以做些什么？（仔细聆听，寻找可以向孩子提供支持的方法。）

"你的朋友中有谁曾经在球队里打过篮球？我们邀请他们过来，向他们取取经。"

"成为球队一员不用完全靠投射。运球突破、精准传球、绝妙助攻都非常重要。在球队里打球你可以学会所有这些技能。"

我可以采取什么行动来培育成长型思维模式：

找机会让孩子能和其他人一起打球，建立他的自信，锻炼他的能力。

和他一起观看篮球比赛（录像或现场），指给他看，就算非常老练的球员也有投篮不中、也有失误的时候。着重强调他们是如何从错误之中迅速恢复，然后继续比赛的。

场景：
在你的记忆之中,现年 18 岁的女儿一直以来都很想成为一位服装设计师。她从 9 岁就开始给自己的设计画草图,改造哥哥的旧衣服,还会在衣服上加点缀。现在,这位正在大学服装设计专业读一年级的女儿打电话回家,她说:"缝纫课实在太难了。教授对速度的要求太高,而我总是超时。那个口袋我缝了三次才弄对。这门课我真应该退掉。"

反思：面对这种情形，我可以问自己或自己思考的事：

我可以说些什么来培育成长型思维模式：

我可以采取什么行动来培育成长型思维模式：

场景：
为了教会 5 岁大的儿子系鞋带，你已经花了三个星期了。他逐渐摸到了门道，能够把结打上了。但是他还不能把结打得够紧，需要大人稍微帮一下。今天早上，他从奶奶家回来，迫不及待想要给你看奶奶买给他的新运动鞋。那双鞋的款式是松紧带款，而不是鞋带款。"这下我再也不用学习系鞋带了！"他开心地说。

反思： *面对这种情形，我可以问自己或自己思考的事：*

我可以说些什么来培育成长型思维模式：

我可以采取什么行动来培育成长型思维模式：

场景：

你 10 岁大的女儿刚刚在学校学会了什么叫做"树立目标"。她给自己定的目标是这个月在每周五的拼写测试中都拿到 100 分。头两个星期她都顺利拿到了 100 分，但是这个星期却拼错了三个词，只拿到 85 分。她有那么点完美主义，对于自己这周没能拿到完美的分数有些沮丧。"花在学习上的时间全白费了，"她说，"根本没得到回报！"

反思：面对这种情形，我可以问自己或自己思考的事：

我可以说些什么来培育成长型思维模式：

我可以采取什么行动来培育成长型思维模式：

场景：

你 13 岁大的儿子需要为自己所在的男孩俱乐部做 30 小时的社区服务。他纠结于做什么，并且在寻找最省事的服务工作。完成服务的截止时间就快到了。他跟你分享了这些想法：你知道我在帮你打理花园，帮你粘信封吗？你能把这些算作我的社区服务时间吗？我太忙了，有好多作业，不可能按时完成这么多社区服务。

反思： *面对这种情形，我可以问自己或自己思考的事：*

我可以说些什么来培育成长型思维模式：

我可以采取什么行动来培育成长型思维模式：

场景：
你学习勤奋的 16 岁女儿哭着回到家里，在她跑回自己的卧室关上门之前，大声说："我恨我的朋友们！"你轻轻敲门进去，坐到她的床边，问她发生了什么。她答道："成绩报告单发布了，我所有的朋友都在炫耀自己获得了奖状和高分。他们还不停地问我的分数和获得了什么荣誉。他们现在应该知道了，我没有她们学得快。我很受挫。我甚至比他们花在学习上的时间还要多！"

反思：面对这种情形，我可以问自己或自己思考的事：

我可以说些什么来培育成长型思维模式：

我可以采取什么行动来培育成长型思维模式：

参考文献

Aiello, R. , & Sloboda, J. (1994). *Musical perceptions*. NewYork, NY: Oxford University Press.

Andraka, J. (2015). *Breakthrough: How one teen innovator is changing the world*. New York, NY: Harper.

Blackwell, L. , Trzesniewski, K. , &Dweck, C. (2007). Implicit theories of intelligence predict achievement across an adolescent transition: A longitudinal study and an intervention. *Child Development*, 78,246 – 263. doi: 10. 1111/ j. 1467 – 8624. 2007. 00995. x.

Boaler, J. (2015). *Mathematical mindsets: Unleashing students' potential through creative math, inspiring messages, and innovative teaching*. San Francisco, CA: Jossey-Bass.

Bronson, P. , & Merryman, A. (2009). *NurtureShock: New thinking about children*. New York, NY: Twelve.

Bruser, M. (1999). *The art of practicing: A guide to making music from the heart*. New York, NY: Bell Tower.

Changing the Game Project. (2015). *Why kids quit sports*. Retrieved from http://changingthegameproject. com/why-kids-quit-sports.

Chesser, L. (2013). *The gift of failure: 50 tips for teaching students how to fail well*. Retrieved from http://www. opencolleges. edu. au/informed/ features/the-gift-of-failure-50-tips-for-teaching-students-how-to-fail.

Colvin, G. (2008). *Talent is overrated: What really separates world-class performers from everybody else*. New York, NY: Portfolio.

Chua, J. (2015). The role of social support in dance talent development. *Journal for the Education of the Gifted*, 38,169 – 195.

Corriveau, K. , Pasquini, E. , &Harris, P. (2005). If it's in your brain, it's in your mind: Children's developing anatomy of identity. *Cognitive Development*, 20,321 – 340.

Dalton, T. , &Bergenn, V. (2007). *Early experience, the brain, and consciousness: An historical and interdisciplinary synthesis.* New York, NY: Lawrence Erlbaum.

DiCerbo, K. (2014). Game-based assessment of persistence. *Educational Technology & Society, 17,* 17 – 28.

Dweck, C. (2006). *Mindset: The new psychology of success.* New York, NY: Random House.

Dweck, C. (2010). Mind-sets and equitable education. *Principal Leadership, 10*(5), 26 – 29

Dweck, C. (2015). Carol Dweck revisits the growth mindset. *Education Week.* Retrieved from http://www. edweek. org/ew/articles/2015/09/23/ carol-dweck-revisits-the-growth-mindset. html.

Dweck, C. (2016). Recognizing and overcoming false growth mindset. *Edutopia.* http://www. edutopia. org/blog/recognizing-overcoming-false-growth-mindset-carol-dweck.

Gladwell, M. (2008). *Outliers: The story of success.* New York, NY: Little, Brown.

Gunderson, E. , Gripshover, S. , Romero, C. , Dweck, C. , Goldin-Meadow, S. , & Levine, S. (2013). Parent praise to 1- to 3-year-olds predicts children's motivational frameworks 5 years later. *Child Development, 84,* 1526 – 1541.

Harrigan, W. , &Commons, M. (2014). The stage of development of a species predicts the number of neurons. *Behavioral Development Bulletin, 19*(4), 12 – 21.

Harvard Business Review Staff. (2014). How companies can profit from a "growth mindset. " *Harvard Business Review.* Retrieved from https:// hbr. org/2014/11/how-companies-can-profit-from-a-growth-mindset.

James, O. (2008, December 26). Genes don't determine your child's ability — Nurture is key. *The Guardian.* Retrieved from http://www. theguardian. com/lifeandstyle/2008/dec/27/family-medical research.

Kadane, L. (2013, August 26). When parents disagree on parenting: What to do when you and your partner aren't on the same page about how to raise your kids. *Today's Parent.* Retrieved from http://www. todaysparent. com/

family/relationships/different-parenting-styles.

Kasinitz，A.，& Hiatt，G. （2015）. Field hockey：Overtime is no sweat for George Mason；Wootton continues to grow. *The Washington Post*. Retrieved from https：//www. washingtonpost. com/sports/highschools/field-hockey-overtime-is-no-sweat-for-george-mason-wootton-continues-to-grow/2015/10/14/78c55bb6-727e-11e5-9cbb-790369643cf9_story. html.

Kelly Gray Sports. （2015）. *The power of mindset in sports*. Retrieved from http：//www. kellygraysports. com/mindset.

Lahey，J. （2015）. *The gift of failure：How the best parents learn to let go so their children can succeed*. New York，NY：Harper.

Lohman，D. F. （2002，January 9）. *Reasoning abilities*. Retrieved from https：//faculty. education. uiowa. edu/docs/dlohman/reasoning_abilities. pdf.

Lythcott-Haims，J. （2015）. *How to raise an adult：Break free of the over-parentingtrap and prepare your kid for success*. New York，NY：Henry Holt.

Margiotta，M. （2011）. Parental support in the development of young musicians：A teacher's perspective from a small-scale study of piano students and their parents. *Australian Journal of Music Education*，1，16 – 30.

McPherson，G.，& Davidson，J. （2002）. Musical practice：Mother and child interactions during the first year of learning an instrument. *Music Education Research*，4，141 – 156. http：//dx. doi. org/10. 1080/14613800220119822.

National Center for Fair and Open Testing. （n. d.）. *Fair Test*. http：//fairtest. org.

Nickel，S. （2014）. The brain：All about the boss of the body. *Boys' Life*，30 – 31.

Olszewski-Kubilius，P. （2013，October）. *Talent development as an emerging framework for gifted education*. Presentation given to Baltimore County Public Schools.

Palmer，B. （2011）. How can you increase your IQ? Stay in school （or just play some memory games）. *Slate*. retrieved from http：//www. slate. com/articles/news_and_politics/explainer/2011/10/increasing_your_iq. html.

Perez，A. B. （2012）. Want to get into college? Learn to fail. *Education Week*，31（19），23.

Pink, D. (2009). *Drive: The surprising truth about what motivates us*. New York, NY: Riverhead Books.

Ricci, M. (2013). *Mindsets in the classroom: Building a culture of success and student achievement in schools*. Waco, TX: Prufrock Press.

Ricci, M. (2015). Ready-to-use resources for mindsets in the classroom: Everything educators need for school success. Waco, TX: Prufrock Press. Rosenwald, M. (2015). Are parents ruining youth sports? Fewer kids play amid pressure. *The Washington Post*. Retrieved from https://www. washingtonpost. com/local/are-parents-ruining-youth-sports-fewer-kids-play-amid-pressure/2015/10/04/eb1460dc-686e-11e5-9ef3-fde182507eac _ story. html.

Ross, A. (2006). The storm of style: Listening to the complete Mozart. *The New Yorker*. Retrieved from http://www. newyorker. com/magazine/2006/07/24/the-storm-of-style.

Rosoff, M(2015). The buzzy new term at Microsoft is "growth mindset" — Here's what it means. *Business Insider*. Retrieved from http://www. businessinsider. com/satya-nadella-instilling-growth-mindset-at-microsoft-2015-6.

Skipper, Y. , & Douglas, K. (2012). Is no praise good praise? Effects of positive feedback on children's and university students' responses to subsequent failures. *British Journal of Educational Psychology*, 82,327 – 339.

Stevenson, S. (2015). Jack Andraka's parents on raising a science whiz kid. *The Wall Street Journal*. Retrieved from http://www. wsj. com/articles/jack-andrakas-parents-on-raising-a-science-whiz-kid-1446562556.

Suissa, J. (2013). Tiger mothers and praise junkies: Children, praise and the reactive attitudes. *Journal of Philosophy of Education*, 47(1),1 – 19.

U. S. Department of Education. (2013). *Promoting grit, tenacity and perseverance: Critical factors for success in the 21st century*. Retrieved from http://pgbovine. net/OET-Draft-Grit-Report-2-17-13. pdf.

Wade, J. F. (2012, July 6). Build a growth mindset. *The Daily Bell*. Retrieved from http://www. thedailybell. com/editorials/4055/Joel-F-Wade-Build-a-Growth-Mindset.

Wilson, M. (2012). What do we do when a child says … "Look at my drawing!" *Educational Leadership*, 70(1),52 – 56.

Wormeli，R. (2011). Redos and retakes done right. *Educational Leadership*，69(3),22 - 26.

Yocom，G. (2010). My shot：Gary Player. *Golf Digest*. Retrieved from http://www.golfdigest.com/story/myshot_gd0210.

关于作者

玛丽·凯·马尔乔内·里奇（Mary Cay Marchione Ricci）是一位教育咨询师、演说家、作家，也是纽约时报畅销教育书籍《课堂里的思维模式》（*Mindsets in the Classroom*）及其配套教学参考书（*Ready-to-Use Resources for Mindsets in the Classroom*）的作者。她是马里兰州乔治王子县立教学质量升级和改进办公室学监。她之前是马里兰州巴尔的摩县公立学校天才教育协调员、蒙哥马利县公立学校提速和改进教学部的教学专家。玛丽·凯拥有约翰霍普金斯大学授予的硕士学位和天才教育与管理的资格证书，她曾任该校教育研究生院的学院助理。里奇出生于宾夕法尼亚州，在匹兹堡近郊长大，在宾州的梅西赫斯特大学完成了初等教育本科学业。她有着担任小学和中学教师的经历。2010 年，她获得马里兰州教育部颁发的州资优教育领导力奖。里奇是 CEC-TAG（一个天才教育的研究学会）理事会成员。在家里，她养育了三个非常优秀的孩子，克里斯托夫、帕特里克和伊莎贝拉，以及一只非常出色的狗狗，斯尼克斯。

玛格丽特·李（Margaret Lee，可以称她"Meg"）是一位教育管理者和咨询师。她在黑格斯敦社区学院和胡德学院完成本科教育，拥有弗罗斯特堡州立大学教育领导力教育硕士学位。梅格（Meg）的经历包括在中学担任语言艺术学科的教师，以及担任扫盲咨询专家、学区教师专业发展人员、中学助理校长和高级学术督导等。此外，她还教授本科和硕士阶段的教育学和心理学课程。2013 年，梅格被马里兰州教育部评为天才教育先锋。梅格经常在当地、州，以及美国国家级教育主题会议上发表演讲，为私立和公立学校提供教育咨询服务。梅格热衷于和亲友一道旅行，在美国本土和国外探索未知之地。